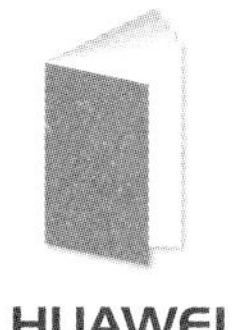

华为讲管理

华为三十年管理实践精粹

千 海◎著

北 京

图书在版编目（CIP）数据

华为讲管理：华为三十年管理实践精粹／千海著．
北京：中国经济出版社，2018.3
ISBN 978－7－5136－4978－0

Ⅰ.①华… Ⅱ.①千… Ⅲ.①通信企业—企业管理—经验—深圳 Ⅳ.①F632.765.3

中国版本图书馆 CIP 数据核字（2017）第 272086 号

责任编辑　海　毅　高晓晔
责任印制　马小宾
封面设计　任燕飞设计室

出版发行　中国经济出版社
印 刷 者　北京科信印刷有限公司
经 销 者　各地新华书店
开　　本　710mm×1000mm　1/16
印　　张　19
字　　数　240 千字
版　　次　2018 年 3 月第 1 版
印　　次　2018 年 11 月第 3 次
定　　价　58.00 元
广告经营许可证　京西工商广字第 8179 号

中国经济出版社 **网址** www.economyph.com **社址** 北京市西城区百万庄北街 3 号 **邮编** 100037

前言

多个权威统计机构发布的报告表明，2016年华为智能手机的销量稳居全球第一。《经济学人》杂志说华为是“欧美跨国公司的灾难”，《时代》杂志称其为“所有电信产业巨头最危险的竞争对手”。

每个研究华为的人首先都会关注华为的员工持股制度，华为规定：华为员工只要达到一定工作年限后就能持有公司的股权。在华为，98.6%的股权都归员工所有，任正非本人所持有的股权只占了1.4%。

这种员工持股制度可以将华为的人力资本与公司的未来发展紧密联系在一起，直接形成一个良性的循环体系——员工获得股权参与公司分红，最终实现公司发展和员工个人财富的增值。因此造就了华为式管理的向心力和凝聚力，从而打造了一支压不垮、打不倒的铁血团队。正所谓“用众人之力，则无不胜也”，也正是有着这样一支团队，华为才获得了现在的成功。所以，研究华为首先要研究华为的团队建设，华为正是带出了一支稳定高效、战斗力强的队伍，才造就了今天的辉煌。

回看华为建设优秀团队的过程，我们通常被一些新颖的理念所吸引，被一些坚定的信念所震撼。企业管理没有一蹴而就的做法，必须勤于思考、持续创新、不断调整才能达到想要的结果，必须付出艰苦努力才能组建出富有竞争力的团队。

坚持灰度管理原则，在妥协与宽容里寻找最合适的均衡。任何一个企业获取成功的关键都离不开其管理哲学，对华为来说，管理哲学之根是灰度管理哲学，这也是华为管理思想和实践的根本方法，被任正非评价为华为的价值观、经营哲学、管理理念的精神实质。灰度管理是一种“度”，主要是针对方向的判断、分寸的拿捏、火候的控制、时机的把握、节奏的掌控和管理艺术的最佳发挥。

强调工匠精神，变“中国制造”为中国“质”造。所谓“工匠精神”，就是设计者和生产者在技艺和流程上要精益求精，追求完美和极致，依靠品质赢得行业领先地位和消费者信赖的精神。对于华为来说，“工匠精神”更多地是体现了一种踏实专注的气质，是对品牌和口碑的敬畏之心。任正非认为“中国制造”需要补上的正是这种“工匠精神”，而“工匠精神”落实在生产或制造领域，就是“精益制造”。

保持居安思危心态，不做温水中的青蛙。在华为，居安思危已经深入任正非的骨髓，未雨绸缪则成为其做事的首要原则。任正非始终认为生于忧患，死于安乐。所谓的华为发展史，其实就是一部“危机管理史”，同时还是一部“自我批判史”。任正非说：“华为的成功在于核心价值观的坚守与胜利，但核心价值观的维持，依靠的则是自我批判精神。”也正是因为有了危机与恐惧推动自我批判，才造就了华为的伟大。

当然，华为的团队管理模式还有很多亮点，比如矩阵组织、制度建设、奋斗作风、产品创新、激励分享、绩效循环和文化传承等，这些都是华为管理者的智慧结晶，也是我们学习华为团队管理的重点内容。优秀团队的建立并不是一朝一夕的，是需要不断融合和磨砺打造的，正如管理大师德鲁克所说：“企业需要的管理原则是能让个人充分发挥特长，凝聚共同的愿景和一致的努力方向，建立团队合作，调和个人目标和共同福祉的原则。”

目录

CHAPTER 1 第一章 管理讲灰度：在妥协与宽容里寻找最合适的均衡

仅仅用了二十余年，华为便从一家小企业成长为世界500强。任正非说："是什么使华为快速发展呢？是一种哲学思维，它根植于广大骨干的心中，那就是——灰度。"

CHAPTER 2 第二章　组织讲矩阵：由高度集权到分权抗衡

为了能够有效发挥平台的能力作用，增强组织的灵活性，保持对客户需求的快速反应能力，华为提出“以项目为中心”，用强矩阵的方式来管理项目，这使得华为内部各个部门之间的管理越来越得心应手。

CHAPTER 3 第三章　制度讲优化：“华为基本法”保证优秀基因的传承

华为想要获得持续成功，就必须有三个要素：必须有一个坚强、有力的领导集团，且要听得进批评；必须有一个严格有序的规则、制度，同时这个规则、制度是积极进取的；必须有一个庞大、勤劳、勇敢、善于学习的奋斗群体。这其中，进取的制度是必然要存在的。

CHAPTER 4 第四章 人才讲工匠：定义中国“质”造

“工匠精神”是一种修行，更是一种品质，一种价值坚守。中国经济在经过三十多年的发展后，现在正处于摆脱低端竞争格局的阶段，也就是说中国制造正在向中高端迈进，而“工匠精神”正是中国制造现在亟待补上的“精神之钙”。

CHAPTER 5 第五章 作风讲奋斗：戴“金翅膀”飞不起来

对华为来说，不管在任何时候，华为人都只能“艰苦奋斗”，舍此别无出路。华为总在适应变化，也从未停止用“艰苦奋斗”这个基础价值观“改造”和“同化”一代又一代华为人。

CHAPTER 6 第六章 产品讲创新：站在巨人的肩膀上去发展

华为从最开始没有自己的产品和技术，到后来自己开发产品和技术，再到现在能够提供具有国际水准的全线通信产品，拥有一万多项专利，这一过程经历了二十多年的艰苦努力，其中的经验和教训数不胜数。

CHAPTER 7 第七章 激励讲分享：从“股份制”到“合伙制”

任正非说：“这几年我们始终坚持实事求是、按劳取酬。发展过程中也有不少问题，最近我们进行机制改革，觉得与发达国家大公司在管理上存在不少差距，但我们不会盲目学它，我们要慢慢摸索，学习它们合理的制约机制。在工资制度上，我们既要制约无限制的增长，又要使劳动者得到合理回报，保持劳动热情。我们还有很多需要完善、需要摸索的东西。”

CHAPTER 8 第八章 绩效讲循环：评功、行赏、打胜仗

在企业内部如何建立好的绩效管理机制和科学的评价机制，是企业盈利链条中的关键所在。华为认为“评功、行赏、打胜仗”这七个字，就是华为绩效管理价值循环的体现。

CHAPTER 9 第九章 文化讲传承：没有家族的家族企业

华为文化就像企业的“魂”，推动着华为管理的改进与提升。管理制度和规范是在华为文化中酝酿而成的，任何管理制度和规范的制定都不能脱离华为的文化背景。

CHAPTER 10 第十章 生存讲危机：“唱反调”的蓝军参谋

危机管理就是居安思危，未雨绸缪。在华为，居安思危已经深入任正非的骨髓，未雨绸缪则成为其做事的首要原则。危机管理正是任正非管理理念中的一个鲜明特点。

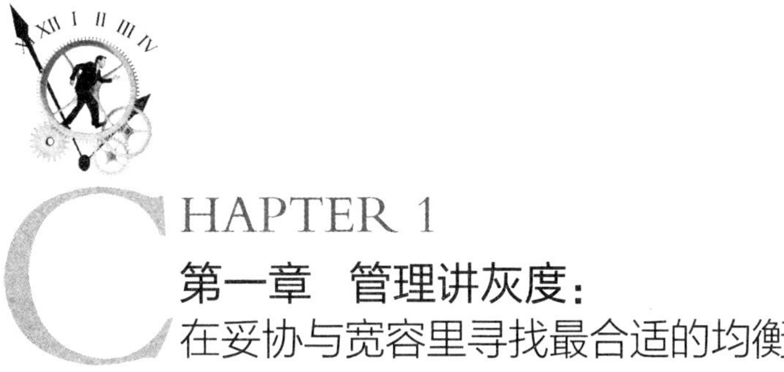

第一章　管理讲灰度：在妥协与宽容里寻找最合适的均衡

仅仅用了二十余年，华为便从一家小企业成长为世界 500强。任正非说：“是什么使华为快速发展呢？是一种哲学思维，它根植于广大骨干的心中，那就是——灰度。”

“灰度意识”是每个管理者必备的思维

一个领导人重要的素质是方向、节奏。他的水平就是合适的灰度。

——华为总裁任正非

对于企业来说，想要获取成功的关键离不开管理哲学，华为也是如此。华为的管理哲学是灰度哲学，这也是华为管理思想和实践的根本方法，被任正非评价为华为的价值观、经营哲学、管理理念的精神实质。

灰度哲学虽然不是自然界中普遍的真理和万能钥匙，但是它也有着自己的适用范围。针对这点，华为用自身二十多年的发展实践来证明了：灰度哲学要对症下药，“黑白分明”也能够对号入座。

管理的灰度

华为素以管理严格著称，任正非曾写道：“一个领导人重要的素质是方向、节奏。他的水平就是合适的灰度。坚定不移的正确方向来自灰度、妥协与宽容。”从中可见任正非对“灰度”的推崇。任正非认为：“如果变革太激进、太僵化，冲破阻力的方法太苛刻，其实就是缺少灰度。有时方向虽然坚定不移，但并非一条直线，甚至会画一个圈。”

华为的高层治理也因此极具“灰度”特色，不仅借鉴国外大型跨国公司的治理经验，同时还融入了西方民主政治的智慧，其中最具代表的一点就是华为实行董事会领导下的轮值 CEO 制度。华为的轮值 CEO 由三名副董事长轮流担任，每一轮值期为 6 个月，依次循环。在轮值期间，每个人都是完全作为公司经营管理以及危机管理的最高责任人。

经过 8 年的不断实践，轮值体现出其存在的意义：不仅是培养接班人的实战方式，同时还能有效避免因为个人长期执政带来的“左倾”或“右倾”的极端化，防止山头主义的出现。任正非说：“灰度是常态，黑与白是哲学上的假设，我们反对在公司管理上走极端，提倡系统性思维。”

开启灰度时代

“灰”，在很多人的认知概念中只是单纯地代表一种颜色，黑与白的融合、黑与白之间的过渡。它处于一种混沌和模糊的状态中，在混沌的表象下孕育着活力和生命力。而灰度管理指的是企业的生存环境和未来不是简单和纯粹的存在，而是多元和复杂的，很多时候还有着非常大的不确定性。

“灰”的最大特征是“中间状态”，中国现在很多企业目前的状态与其非常相似。

改革开放以来，中国出现的一大批成功企业都呈现出这样一种“中间状态”：企业规模不大也不小，管理水平不高也不低，运营状态不好也不坏，社会贡献不多也不少。很多人看到这儿会说，这样的“中间状态”对企业推动作用甚少。

其实不然，因为“灰”的“中间状态”也孕育着机会和希望。当企业还处于“中间”，就还有选择的机会，有选择就有希望，有选择就是一个最大的优势。“灰”虽然是混沌、沉闷的，但因为它们时刻都在运动着，所以能在突然间从沉闷中突破，由混沌走向清晰，让企业出现颠覆性的变革，为企业带来全新的商业模式和发展机会。

在企业进入“灰度时代”后，企业家和企业高管所需要的思维意识和核心能力也是一种“度”，主要是针对方向的判断、分寸的拿捏、火候的控制、时机的把握、节奏的掌控和管理艺术的最佳发挥。通常而言，这个“度”具体体现在跨界思维、开放包容、道德感召、真实领导和竞合意识这五个方面，如图1－1所示。

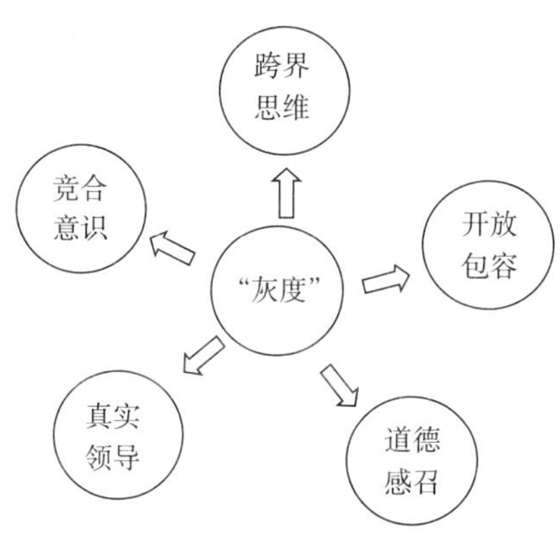

图1－1　“灰度”的具体表现

跨界思维。这一点主要表现在互联网时代，产业之间、企业之间的边界开始变得不再明显，甚至很多时候是能够相互融合和互联互通，跨行业与跨领域的合作与发展如今已经成为企业发展的大势所趋。因此，企业家需要具备极度开阔的视野和思维，这样才能看到商业机会，互联互通，构建出企业的价值网。

开放包容。随着中国企业全球化速度的加快，摆在企业家面前的迫切命题是如何跨地域、跨文化的沟通、合作和领导。中国企业发展至今，很多都是产业链式发展和集团化管理。想要获取更好的发展，需要企业家具备跨业务、跨团队、跨职能合作的能力，使企业融入全球市场、整合全球资源，不断发现和找到新的机遇。对于企业的领导者来说，只有努力提升自己开放、包容、沟通、协同的思维意识和领导能力，才能为企业创造出价值。

道德感召。现代社会是一个选择多元、奋斗热情持续衰减的时代，企业领导者更需要具有强烈的道德感召力。只有拥有道德感召，才能用坚定的目标追求、远大的理想抱负、普适的价值观和积极健康的心态，为企业源源不断地输入正能量，从而凝聚人心，达成共识，带领企业的员工在混沌之中找到方向，为企业的发展找到正确的出路。

真实领导。“真实领导”是国际管理学上的一个名词，它包含四个维度：自我意识、信息平衡处理、内在道德观点和关系透明。自我意识要求企业管理者深刻认识自我，其对自我的认识程度决定了管理者自我修养的深度；信息平衡处理指的是在信息日益透明，而且愈加讲究对称的时代，管理者不仅要更重视建立规则，同时还要做到平衡处理相关利益者的价值问题；内在道德观点要求管理者越是面临各种错综复杂的矛盾越是要回归企业本位、坚守价值立场和价值底线，努力做到言行一致；关系透明则要求领导者在与客户和内部员工等价值链上的相关者们建立起一种能够放在阳光下展示的透明关系，以激发组织内在活力。

在此基础上，结合中国企业现在的生存环境，中国本土的管理有了一个新的内涵：真实领导意味着企业的领导者不管在任何时候都要拥有一种既包容、妥协、平衡，又能总体掌控的能力素质来处理企业中出现的各种问题。

竞合意识。在混沌和多变的互联网时代，企业的对手可能会瞬间成为朋友，而朋友也能瞬间变为对手。所以，企业的领导者要懂得在既竞争又合作中实现多赢，并共同维护竞争秩序。这就要求企业的管理者具备竞合意识，向竞争对手学习，和竞争对手合作，然后通过在合作中产生的新价值增长点，促使公司发现新的发展机遇。

通过以上这五要素可得知，“灰度领导力”要求企业的领导者要从现在开始，从自我深刻变革开始，保证自己最终能够带领企业跨越“灰度时代”，从优秀走向卓越。

管理手记

在企业进入“灰度时代”后，企业家和企业高管要具备与任正非一样的思维意识和核心能力素质，这是一种“度”，主要是针对方向的判断、分寸的拿捏、火候的控制、时机的把握、节奏的掌控和管理艺术的最佳发挥。

异见者是最好的战略储备

> 用灰度哲学武装的华为，已经不用自己的眼睛来看这个世界了。华为在用客户的眼睛看世界，在用运营商、供应商的眼睛看世界，用万事万物的真来看世界，用大自然最节俭、最经济的那个真来看世界。于是，看到了全联接的世界。
>
> ——华为总裁任正非

任正非说："管理者对下属要宽容，因为这同领导工作的性质有关。任何工作，无非涉及两个方面：一是同物打交道，二是同人打交道。"如图 1－2 所示。

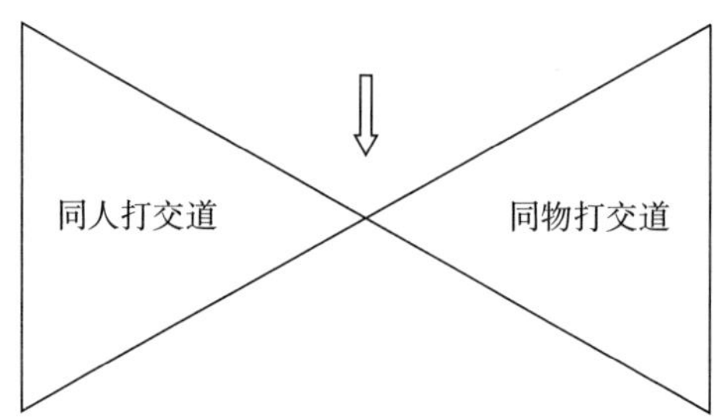

图 1－2　工作涉及的两个方面

制定决策时要接受不同意见

商学院中多年来一直给企业人员灌输的都是这种理念：企业的发展离不开领导者的英明决断。因此就出现了这样一种现象：只要是对领导持反对意见，就没有人会对这个人友好相待。甚至有的时候，作为一名强势的领导会视异议为一种威胁，久而久之，这种思想经过强化过渡，就使得企业中不管出现何种不同意见均会遭到领导的扼杀，最终导致企业中没有人再敢提出反对意见，如此，企业的未来也变得不再光明。

康诺思战略咨询公司的管理合伙人理查德·布朗这样认为：如果只是仅仅把缺乏公开的反对声音误认为意见统一，那么对于企业来说无异于自欺欺人。他还说：高声吵闹、面红耳赤的争论，以及拍桌子叫嚷比起退缩、被动、忍气吞声地接受对企业造成的机能障碍要小得多。因为沉默并不代表别人都同意你的观点，大家不过是暂时把怨气咽下，但一有时间便四处散播，其结果是军心动摇，人心涣散。

正是遵循着这样的认知，康诺思战略咨询公司曾专门针对来自国有企业以及私有企业的大约 3500 名企业最高领导、高层以及中层管理者进行了一次调查。这次调查结果显示：那些压制不同意见的企业往往不如那些鼓励、欢迎不同意见并处理得当的企业，同时做出的决策也没有处理得当的企业做得好。这直接影响企业上下对于最终战略决策的理解和拥护程度。

企业管理者往往对那些勇于提出不同意见的人表示敌意，约 60% 的受调查者认为，提出反对意见的人是典型的麻烦制造者。在这项调查中，鼓励反对意见的不足一半，明确表示不希望听到反对意见的占 25%，仅有 10% 的调查参与者表示自己企业的管理层会经常出现意见相左的情形。

出现这种差异的原因是因为企业的管理者在进行最佳的决策时是否会考虑到各方的不同意见。布朗说："制定策略时接受不同意见的挑战，从本质上讲，能够发表自己的意见并得到倾听，会让人有强烈的参与感——他们觉得自己无论从心智上还是情感上，都参与到了决策中。因此人们在执行这样的决策时会更有动力，也更希望其成功。但是对那些不曾参与的决策，他们的感觉则完全相反。”

领导者要有宽容之心

在任正非灰度哲学中有着一个很重要观点：“允许异见，就是战略储备”。任正非本人把它称之为灰度领导力，他认为异见者是最好的战略储备。

任正非很少见媒体，也从未出席过任何国内的论坛会议，以至于外界都是通过任正非讲话来了解华为这家公司的。

但在华为管理中发生过这样一件事情，这让很多听了此事的人都感到十分意外。华为消费者 BG（Business Group）CEO 余承东自 2010 年开始出任华为消费者 BG CEO 以来，他的行事就十分高调，而且屡有惊人之语出现。很多时候更是会在华为内外掀起轩然大波，据说他还曾经历过被“禁言”风波，甚于差点被“下课”。

但是任正非对于华为内部对消费者 BG 以及余承东的种种非议展现出了极强的包容力。对此，任正非还曾提纲挈领地说过这样一句话：“允许异见，就是战略储备。我对自己的批判远比我自己的决定要多。”

由他的话可以联想到领导者的灰度管理，允许异见者的存在。任正非曾这样评价领导者的宽容：“宽容是领导者的成功之道……不宽容会影响同人打交道。一个科学家性格怪僻，但他的工作只是一个人在实验室里同仪器打交道，那么，不宽容无伤大雅。一个车间里的员工，只是同机器打交道，那么，即使他同所有人都合不来，也不妨碍他施展技艺制造出精美的产品。但是，任何管理者，都必须同人打交道。有人把管理定义为‘通过别人做好工作的技能’。一旦同人打交道，宽容的重要性立即就会显示出来。”

任正非的话告诉我们：人与人的差异是客观存在的，所谓领导者的宽容，本质上是能够容忍下属之间存在差异。想要成为一个好的管理者，就要能够利用自己的宽容，把不同性格、不同特长、不同偏好的人凝聚在组织目标和愿景的旗帜下。

“宽容是一种坚强，而不是软弱。宽容所体现出来的退让是有目的有计划的，主动权仍掌握在自己手中，无奈和迫不得已不能算宽容。”任正非如是说，他为此刻意在华为公司内部倡导和培植反对的声音，甚至在组织体系上构建与“红军”力量唱反调的“蓝军”，更甚至会从“蓝军”的优秀干部中选拔“红军”司令。

对此，很多人产生了质疑，任正非这样回答：“‘蓝军’存在于方方面面，内部的任何方面都有‘蓝军’，‘蓝军’不是一个上层组织，我认为人的一生中从来都是红蓝对决的。我的一生中反对自己的意愿，大过我自己想做的事情，就是我自己对自己的批判远远比我自己的决定还多。我认为‘蓝军’是存在于任何领域、任何流程，任何时间空间都有红蓝对决。如果有组织出现了反对力量，我比较乐意容忍。要团结一切可以团结的人，共同打天下，包括不同意见的人。进来以后就组成反对联盟都没有关系，只要他们是技术上的反对。百花齐放、百家争鸣，让人的聪明才智真正发挥出来。”

管理手记

人与人的差异是客观存在的，所谓宽容，本质就是容忍人与人之间的差异。不同性格、不同特长、不同偏好的人能否凝聚在组织目标和愿景的旗帜下，靠的就是管理者的宽容。

均衡“黑白”，管理才是真功夫

> 一个清晰的方向，是在混沌中产生的，是从灰色中脱颖而出，方向是随时间与空间而变的，它常常又会变得不清晰。并不是非白即黑，非此即彼。
>
> ——华为总裁任正非

在自然界中，灰度哲学指的是符合事物普遍联系和永恒发展的客观规律，包含两个方面：从联系的观点看，灰度是事物存在的一种状态，也是事物发展的一种结果；从发展和变化的视角看，灰度是事物未来的预期目标和执行过程。针对目标和过程来说，均衡被称为是灰度哲学的最高表现形态。

本质上灰度思维是“白黑融合”的和合思维。它既不是简单的“非白即黑”的反向思维，也不是“白加黑”式的并存思维（如图 1－3 所示）。针对这点，任正非说：“在变革中，任何黑的、白的观点都是容易鼓动人心的，而我们恰恰不需要黑的或白的，我们需要的是灰色的观点，在黑白之间寻求平衡。”

管理需要均衡思想

自 2001 年起，在华为，任正非每年都要制定“十大管理要点”，而第

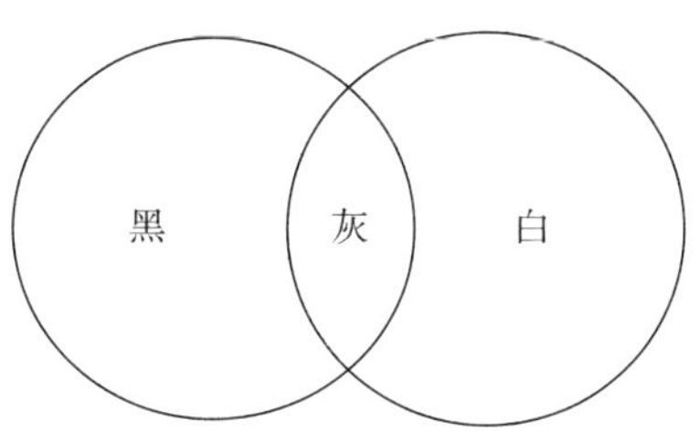

图 1-3 在黑白之间求平衡

一条永远是“坚持均衡发展”。可见，任正非经营管理的核心思想就是均衡，均衡黑白是华为公司中最高的经营管理哲学。一个企业如果能真正实现动态平衡，必定是商业领域的赢家，想不成长、不发展、不成功都很难。

从形势判断上看，“战”与“和”是一对辩证关系，它们的存在都是为了更好地生存。华为早期崇尚“狼道”与“狼性文化”，主要强调进攻性，但当华为内外环境都发生变化时，任正非在基于灰度思维上，开始倡导对内对外的妥协精神。任正非做出这样的决定是因为这种竞争的战略合作，能够使华为与几大竞争对手之间基本达成动态的战略平衡。

纵观华为近三十年历史，会发现其实华为似乎只做一件事：通信制造。华为在这数十年的时间内都心无旁骛，不越雷池半步，坚决不向多元化和投机低头。与此同时，华为还善用“压强原理”：集中所有资源形成局部突破，从而逐渐取得技术的领先和战略制高点。

目前来看，华为的战略是充满均衡的，既关注经营也关注管理；在关注企业外部的同时也不忘了关注企业内部。在战略执行上，更是把均衡做到极致。

华为公司自主研究开发的产品，基本涵盖了交换、接入、传输、移动通信、智能网、支撑网、ATM、接入服务器、路由器、以太网交换机、会议电视等主要通信领域，使华为直接形成了自主的核心技术体系，快速提供固定网、移动网、数据通信网的全方位解决方案，也使华为在光网络、移动通信和宽带领域处于业界领先水平。

均衡在企业发展过程中非常重要。管理是一项需要多动脑子的工作，所以，企业的领导者在考虑问题时一定要做到面面俱到，切不可只看到事情的一个方面就轻易下决定。不管在任何时候，都做到均衡“黑白”，一切以企业的发展、员工的合理使用为目标。

华为在前期十年左右的时间内都处于发展阶段，当时任正非将企业的重点定位于经营扩张，集中资源于“微笑曲线”的两端——研发和市场。从 1997 年后，华为才开始转换战略重点，以强化内部为重点，通过引进世界一流企业的管理体系，同时还在管理上与全球化企业接轨，通过管理的效率来促进经营效益的提高。

均衡是生产力的最有效形态

“均衡就是生产力的最有效形态”，这是华为始终坚持的核心价值观。华为人在企业的发展中继续坚持均衡的发展思想，推进各项工作的改革和改良，通过持之以恒地改进，不断地增强组织活力，提高企业的整体竞争力，以及不断地提高人均效率。

任正非说：“在未来我们怎样才能活下来？同志们，你们要想一想，如果每一年你们的人均产量增加 15%，你可能仅仅保持住工资不变或者还可能略略下降。电子产品价格下降幅度一年还不止 15% 吧。我们卖的越来越多，而利润却越来越少，如果我们不多干一点，我们可能保不住今天工资，更别说涨工资。我们不能没完没了地加班，所以一定要改进我们的管理。在管理改进中，一定要强调改进我们木板最短的那一块。各部门、各科室、各流程主要领导都要抓薄弱环节。要坚持均衡发展，不断地强化以流程型和时效型为主导的管理体系建设，在符合公司整体核心竞争力提升的条件下，不断优化工作，提高贡献率。”

为什么任正非会要解决短木板？因为华为曾经有很长一段时间从上到下都重视研发、营销，却忽视了理货系统、中央收发系统、出纳系统、订单系统等很多系统，而这些被忽视的系统成为华为经营过程当中的短木板。试想一下，即使前面干得再好，后面发不出货，那岂不是等于没干。

因此，华为需要在全公司建立起统一的价值评价体系和统一的考评体系，这样才能使人员的内部流动达到平衡成为可能。比如：一个企业总是发错货，发到国外的货又退回来了，这个时候发错货的运费、货款利息也是要计成本的。所以说，华为必须建立起一个均衡的考核体系，才能使全公司的短木板变成长木板，桶装水才会更多。

任正非说："我们这几年研究了很多产品，但仍有许多西方公司到我们公司来参观时笑话我们浪费太大，因为我们研究了很多好东西就是卖不出去，这实际上就是浪费。我们不重视体系的建设，就会造成资源上的浪费。要减少木桶的短木板，就要建立均衡的价值体系，要强调公司整体核心竞争力的提升。"

华为公司在不断成长的道路上，找寻到了最适合的发展方针，通过建立在动态实现功与利、经营与管理的均衡基础之上，持续不断地改进、改良与改善，最终促使企业走上了一条良性发展之路。华为再次以中国式的案例说明均衡的管理之道是企业真正的核心竞争力。

管理手记

"均衡—失衡—再均衡……"是华为为企业管理带来的循环往复过程和趋势，在管理中均衡"黑白"，促使企业不断快速向前发展。

不偏不倚绝不是各打五十大板

中庸之道不是各打五十大板，而是在该妥协的时候要妥协，在妥协中求平衡。

——华为总裁任正非

中庸是中国儒学的经典之处，其最大的意义在于不走极端。不走极端就不会犯大错误，就不会倒退，进步慢一点没关系，稳稳当当地走，路会越走越好。中庸之道讲究的绝不是简单地各打五十大板，而是如任正非说的一样，需要在企业的管理过程中该妥协时妥协，在妥协中求平衡。要懂得有所为有所不为：该做也能做的时候，要雷厉风行；该做但是时机还不成熟的时候，就暂时不要去做。

现在很多企业经常会出现大部分人观念都没有转变，如果这个时候强推新政的话，肯定会遇到很大的阻力，同时也会惹出一大堆的麻烦。但是如果过一段时间再去做，就可能会变得非常顺利。

管理不仅是一门技术，更是一门艺术。很多时候领导者决策的东西经常是模糊的，这其中就包括对时机的把握，它需要的是企业管理者凭经历和感觉去做事。

管理不是各打五十大板就完事

在西方概念化的思维模式中，虽然认可事与人之间的依存关系，但他们更强调的是管理者必须尽量地远离被管理对象以及其具体的生成过程，这样才能保障观察结果的客观性。因此，西方的思维模式中认为只有相对独立才能认识管理的普遍化与一般化规律，最终真正把握管理的本质。

西方管理模式认为企业的管理者可以通过体系化的理论学习、丰富的案例分析，成为一名合格的管理者。目前，中国的很多企业是需要学习西方管理思维的，但也要结合我们东方的管理思维，要学习儒家、道家和孙子兵法等理论，合理运用东西方的管理思维，才能使企业在现代化的道路上更好地向前发展，

比如，两位部门的主管仅仅因为沟通或协调不好导致公司利益受损，这个时候公司的管理者就需要对他们进行仲裁。虽然他们都有各自的理由，但仲裁的结果通常是各打五十大板。原因是不管你出于什么理由，都是“本位主义”，都是“英雄主义”，而在大多数情况下，也正是因为这种“英雄”的态度导致公司利益受损。所以，没有谁对谁错，都是全错，全错就要全部挨打。

很多人对此都觉得很公平，因为当公司的利益被部门主管之间的缺乏沟通或矛盾而受损时，为“损失”买单的永远是公司的管理者。公司的管理者完全有理由对他们进行各打五十大板的惩戒。同时，这样做通常也会在公司中树立一种意识，那就是在公司里只有公司利益是排在第一位的，没有任何人能超过公司利益。

但是，这就是赏罚分明吗？其实不然，如果所有的公司管理者都这样处理事务，那么结果只会使大家再也不去找公司的管理者进行仲裁了，隐瞒不报的现象也会快速增多，更甚者可能还会出现貌合神离的办公室文化，这对公司的影响是极大的。这时，作为公司的管理者要如何才能做到不偏不倚？

事情的发展往往是有先后的，错也是有大小的，并不是只要各打五十

大板就完事，需要公司的管理者针对事情的起因进行有效地调查，再进行仲裁，让下属满意，让他们有为公司奋斗的动力。

管理要做到既不沉也不偏

对于管理，任正非认为管理要做到既不沉也不偏。在完成任务之余，任正非喜欢散步，即便是在外出差的时候他也喜欢出去散步。1996 年，当任正非保加利亚雪山脚下散步时，他对梁国世提到了“中庸”这个词。

为什么任正非会说出“中庸”这个词？作为华为的员工都知道，任正非不会去逢迎谁，哪怕是在任何一次饭局上，任何一次聚首，任何一场报告，任何一个现场，甚至是任何一次散步的时候。任正非这么说是因为他认为这个词能够推动自己对人生和公司的思考。

当时陪他散步的梁国世负责筹建第一个海内推行的莫斯科办事处，曾经因为分歧当面和任正非顶过嘴的，他曾让任正非火大到哈腰揉肚子。但那天，在保加利亚那个雪山的脚下，任正非和梁国世这样一个性格火暴的青年一路散步。

在这里，没有任何人来打搅。任正非想点拨一下身旁的青年，同时也是为了梳理自己的火爆脾气和偏执的情由，他说出了华为突起的机密：中庸之道，如图 1 –4 所示。

在大家的眼中，任正非脾气并不是很好，甚至像偏执狂似的去推翻一些理论。偏执只是他的表象，真正活在他心坎的是那一刻接一刻的回归，一刻接一刻的平衡。这也就是他管理的秘诀：灰度管理，做到不偏不倚。

管理一个公司就像是走钢丝，想要走好钢丝，就离不开平衡。一个人站在钢丝上，只有不偏不倚才能安全地往前走，稍有一些偏颇就会有掉下去的风险。管理公司要从不平衡、震动中感触均衡和节拍，它不是依照既定的形式或套路，而是经过许多测验考试和失败之后得到的经验。

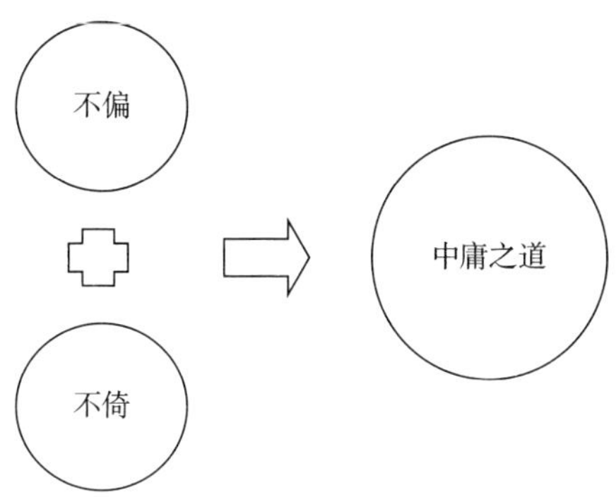

图1-4 华为突起的机密：中庸之道

任正非把他自己的这种创业求索说成“不偏不倚”，为了让华为发展得更好，他一次次地离开主流或常态，就是为了能够为华为树立新的常态或构成新的主流。

管理手记

华为是一个团体、一个公司，任正非需要保证公司员工的收益，所以他努力做到始终不偏不倚，而不是在管理的时候简单地各打五十大板。任正非的这种不偏不倚也是华为得以成长为世界级公司的真正暗码。

取中贵和，不追求完美

"灰度"的本义是指在黑与白之间能够平滑过渡的一种方式方法。

——华为总裁任正非

在华为的发展过程中，任正非认为企业要想跨越"中间状态"的迷惘，就必须要在黑与白的融合之中找到属于自己的方向和路径，之后才能在各种复杂因素交织的运动中控制自己的步伐节奏，这也是"灰度领导力"。不追求完美，只追求对自己有利的，取中贵和，实现双赢的局面。而最先或最需要掌握这种"灰度"法则的通常是企业的领头人。

"灰度时代"要求公司的领导者重树自己的使命、明确自己需要承担的责任和提升自身的能力，这也是现代企业中的"领导力金三角"。具体包括：公司的领导者重塑自身的使命感和事业激情，顺利带领企业跨越现在所遭遇的成功陷阱以及安全度过转型期的阵痛，实现转型升级；公司的领导者明确自己的责任大于能力，勇于承担公司变革的风险和责任，促使企业更快地向前发展等。

领导者要想顺利履行自己的使命和承担责任，就必须要有一定的基础，而这个基础就是来自于自身的思维更新与能力重塑，也就是提高自身的能力。只有满足这三项的企业管理者才能在管理过程中做到取中贵和，不一味追求完美，而是始终以公司利益为根本。

妥协并不是软弱和不坚定

对于很多公司的管理者来说，妥协并不是表示软弱，而是为公司争取到最大的利益。这也是取中贵和的核心：方向是不可以妥协的，原则也是不可妥协的。除此之外，为了实现目标，在过程中的一切都是可以妥协的，只要它有利于目标的实现。试想一下，当目标方向清楚了，如果此路不通，妥协一下，绕个弯，就能达到目的了，为什么还要原地踏步，一头撞到南墙上？

妥协不是软弱和不坚定，身为一家公司的管理者，却只是用非此即彼的思维方式思考问题，公司的经营就会面临很多问题了。在任正非的思想里，“妥协”其实是非常务实、通权达变的丛林智慧。凡是人性丛林里的智者，为了生存，就不会意气用事，而是理性思考，懂得在恰当的时机接受别人的妥协，或向别人提出妥协。

由此可见，“妥协”是双方或多方在某种条件下达成的共识，也就是说在解决问题上，它不是最好的办法，但在没有更好的方法出现之前，它却能够为双方都带来不少的好处。

任正非强调“灰度”，强调妥协，妥协也是创新。正因如此，华为成为中国最具创新性的公司，华为有17万名员工，做研发的占45%。

妥协并不意味着放弃原则，或者一味地让步，而是为公司的发展选择一条更适合的道路。为了达到公司盈利的主要目标，可以在次要目标上做出适当的让步，这是任正非在经营华为的过程中所实行的灰度管理方法。这种妥协并不是完全放弃原则，而是以退为进，通过适当的交换来确保目标的实现。

很多时候，只有妥协才能实现“双赢”和“多赢”，否则必然会造成两败俱伤的局面。妥协能够为公司消除冲突，拒绝妥协必然是要进行对抗的前奏。对抗会消耗公司的资金和人力，最终得不偿失。

在任正非的管理思想中，有一点非常重要，那就是：任何事物都有对立和统一的两面性，管理上的灰色，才是我们生命之树。开放、妥协、灰度需要深刻去理解。

作为一名企业的管理者，一定要学习任正非，真正领悟到妥协的艺术，保持开放的心态，就会真正达到灰度的境界，才能够带领公司在正确的道路上走得更远，走得更扎实。

不追求完美，既竞争又求和

在华为打着中国民族工业的旗帜想要进入美国市场时，美国人采取了各种各样的方法来阻止它。很多人就说我们也要限制思科，更有甚者有些人一提到思科，就非常的痛恨。但是事实上，思科跟华为打了将近一年半的官司，最终的结果却是和解了。

为什么和解了？因为和解了以后，思科和华为相互之间可以交叉授权，互相使用对方的一些专利。华为跟全球很多的电信运营商，包括高通这样的在无线方面有很强的专利拥有者都有很多的合作。这样的妥协和不追求完美，为华为公司赢得了更多的发展机会。如图 1 – 5 所示。

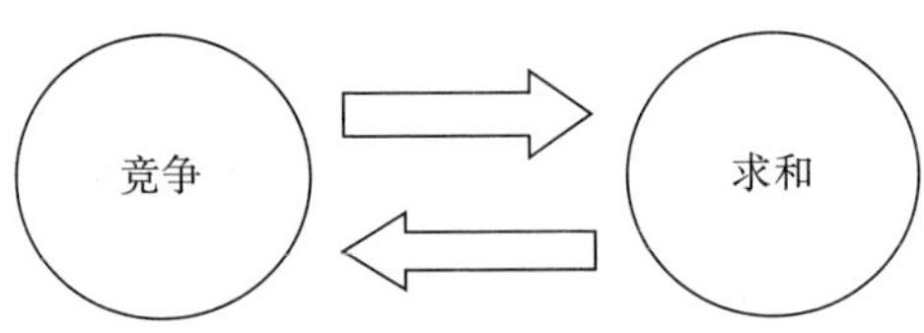

图 1 – 5　取中贵和的根本

任正非这些年有个非常强的观点：我们不能做黑寡妇。有人会问什么是黑寡妇？那是生存在拉丁美洲的一种毒蜘蛛，这种毒蜘蛛的母蜘蛛跟公蜘蛛交配以后，就会把公蜘蛛吃掉，因为它交配以后要生幼蜘蛛，要供给营养，所以它宁可把公蜘蛛吃掉。而这样的理念任正非是不接受的，所以任正非说我们绝对不能做黑寡妇。

管理手记

今天的华为，在面对全球竞争的时候，不再像当初那样用价格进行竞争了。今天的华为在很多时候给出的报价都不是最低的，甚至有时还是比较高的，这是因为华为正慢慢地在这个生态布局里趋于领导地位。

在“快速”与“稳健”之间相互“拿捏”

灰度给了我更大的心胸，我用它来包容万里长征。

——华为总裁任正非

在公司的经营过程当中，方向虽然是坚定不移的，但这并不表示这条路就是一条直线，很多时候会出现左右摇摆的曲线，甚至在某些时段还会出现一个圈。仔细看，离远一些看，会发现它的方向仍是指着前方。这是华为总裁在管理过程中总结出的经验：在快速与稳健之间相互拿捏，保证公司发展方向毫不动摇。

现代企业管理者要明白社会责任不一定会加重企业成本，尤其是在当前的中国。过去很多人在做企业的时候没有考虑人工、自然资源、环境等成本因素而获得了某种程度的发展，但是今天强调社会责任，其实这只是回到原本就应该走的道路上去，甚至可以说是把过去走错了的路纠正回来而已。如果企业能够主动去承担一些社会责任，对企业来说是好事，企业只有更多地关注社会责任才能形成一个良性的发展循环圈，保证企业稳步向前发展。

以华为为代表的现代企业大都面临着强大的市场竞争，企业的发展如同逆水行舟，不进则退。再加上过于快速地发展给企业带来了一系列的问题：产品线的扩张和质量如何保证、企业文化的沉积问题、中层干部的培养问题等，而这些问题都需要企业的管理者在“快速发展”与“稳健发展”两者之间的相互“拿捏”中求得平衡。如图1－6所示。

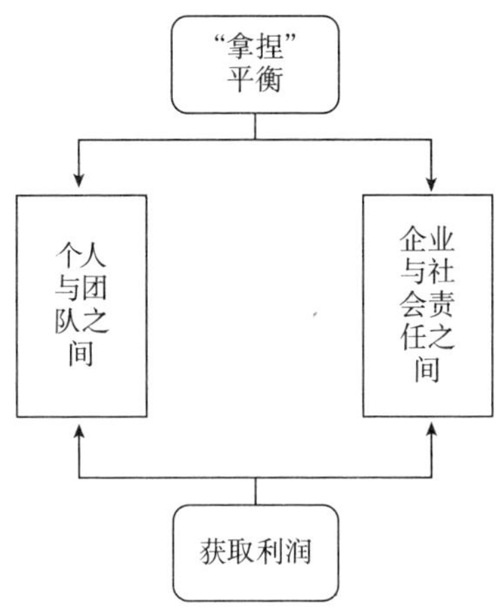

在快速与稳健之间“拿捏”平衡

个体与团队之间的平衡

企业都是由个体员工组成的，员工个体的能力、知识水平等自身条件决定了企业团队的工作性质，个体发展与团队合作就必须要达成一个共赢的模式。如何把多个个体组合成一个团队来工作，这就需要企业的管理者找寻到个体与团队之间的平衡点，在快速与稳健之间相互“拿捏”好度。

因为企业管理效率提升的核心是依靠团队建设，所以把灰度管理之道融入企业管理中是非常有利于团队建设的，有助于打造出一支高效的团队。

个体和团队之间通常也会存在着相互博弈的情况。在团队中个体之间就会存在差异、矛盾、冲突等问题，一个优秀的团队领导这个时候应该是一个“中庸之道”的优秀执行者，能够通过不同激励，工作的分配，并通过协调、妥协、让步，在保证大原则和大方向的前提下顺利地完成组织的目标。

只要企业的管理者能够有效把握好这个度，把矛盾处理好，就能够促使企业不断地强大；一旦处理不好，就会直接让企业腹背受敌，像“陆华强倒戈事件”“爱多胡志标事件”等一些比较著名的负面案例就是很好的例证。

所以，企业应该做到尊重和关注个体，特别是企业中的优秀员工，拿捏分寸，张弛有度。企业的持续发展绝不是只依赖于某一个或几个英雄式的人物，更多的时候是依靠团队工作来完成。所以，在必要的时候，如果必须取舍，企业的管理者要做到宁可牺牲短暂的利益，也要保持团队的威力，团队才是企业发展最终的支撑。

企业盈利与社会责任的平衡

对于一个现代化的企业，任正非认为主要应该承担两个重要的责任：为股东创造价值和为社会创造效益，这两者缺一不可。

这一点，“用友”软件的王文京也十分认同。稳健是业界对王文京所创立的“用友”的评价，而理性则是对他本人的描述。王文京非常明确企业盈利与社会责任之间需要有一个平衡点，在“用友软件园”的开园仪式上，王文京说：“‘用友’将在这一世界一流的软件园中成就世界级管理软件与移动商务服务提供商。”在2010年年底“用友云战略”的发布会上，王文京还曾说：“‘用友’将在2015年成为亚洲最大、全球领先的企业云服务提供商。”

企业的首要责任是做大、做强，也就是为股东创造价值是根本。2009年“用友”主营业务收入23亿多元，这一年，全球领先的软件供应商SAP、Oracle年销售收入是106.72亿欧元、232.52亿美元。王文京觉得“用友”也能发展得如此强大，他表现出不甘跟随欲分羹全球的强烈欲望，他说："做软件就像骑在牛背上，感觉很特别，又充满挑战"。

随着"用友"的不断壮大，现在的王文京更喜欢用"冲浪"来形容这种感觉："软件行业不断会有新的浪潮出现。如果你把握住并主导浪潮，就可以发展到另外一个阶段；如果没有把握好，它就有可能把你打下去。"可以说，王文京从"骑牛背"到"冲浪"，不仅仅让"用友"与时俱进，更让"用友"在面临行业变革带来的机遇和挑战时，稳健但不保守地向前发展。

在经营"用友"的过程中，王文京把快速与稳健之间的平衡拿捏得很好，无论是"用友"的战略转型，还是"持续创新、均衡发展"的经营方针，都被发挥得恰到好处。

管理手记

在为股东创造价值的同时，企业也应该履行自己相应的社会责任，比如快速加强员工福利和环境保护等，同时也要与政府、与其他企业处理好关系共同发展，共享利益等等。这样才能保证企业在发展的过程中承担相应的社会责任，不让其进入一个"死胡同"中。

因地制宜，答案永远在现场

不一定有特别的一套模式、规范、教条，都是因时因地、随时随地做出最灵活的反应，可能就是最好的一个结果。

——华为总裁任正非

任正非在管理中，一直着重强调的东方管理的具体内容是“坚持自己成功的东西，要善于总结我们为什么成功，以后怎样持续成功，再将这些管理哲学的理念，用西方的方法规范，使之标准化、基线化，有利于广为传播与掌握”。

与之相像的东方“象思维”模式认为，管理总是处于流动与转化中，是一个正在生成的对象。企业进行管理的目的是为了参与生成管理，并招引出意义，企业的管理必须进行自主创新，因为其并不存在一个抽象的范式，只有创新才能建立真正适合企业的管理体系。

作为华为的创始人，任正非被称为“中国最具影响力的商界领袖”。一直以来，华为也被看作中国本土企业自主创新和全球化运营的最佳典范。因此，任正非成为众多中国本土企业家所效仿的对象，特别是在实现公司全球化运营方面，“华为模式”不仅成为中国企业学习的样板，也是华为全球许多竞争对手重点研究的内容。

任正非在管理中一直强调人与事的相互粘黏与缠绕，员工只有在做事中才能成就自己，最终成就企业。所以管理者“必须在很不完全的状态中出发，连错对也不知道，因此管理者必须同时应付多处，还要做到既不沉不偏，又能堵住漏水处，换掉那块要烂的地板……管理者要在最根本处生成和维持住自己，没有一个让尝试者可以依据的模式”。

总之，要想让企业像华为发展得那样快、那样好，就需要企业管理者在这种思维模式下，从现场获得技能，通过对现场不停地总结与反思，并在最终问题的解决中形成自己的管理理念。概括成一句话，那就是答案永远在现场，管理者要学会因地制宜。如图1－7所示。

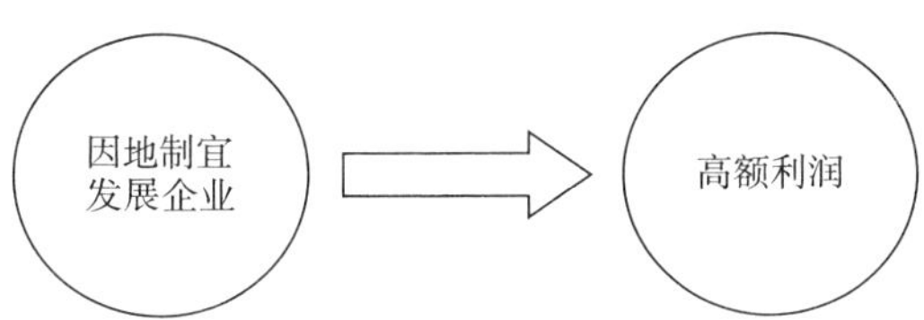

图1－7　因地制宜推动企业获取高额利润

循序渐进，采取针对性的战略方针

华为在国际化的过程中，没有盲目的投资和进行海外建设，而是因地制宜，循序渐进，根据不同地区的不同情况，采取针对性的战略方式进入，从而顺利地打入国际市场。

华为针对性的战略方式分为三类：直接出口是最简单的，也是最合适初期踏入国际市场的华为，这种战略方式要求华为从国内派遣国际市场中的骨干销售人员，在异国他乡通过不断地艰苦努力，为华为进军国际开拓出一个好的起点。这些优秀的销售人员的努力终于让华为逐渐开始在海外建立起分支机构，最终建立起了华为的独有海外营销体系。

直接出口耗费时间很长，所以华为还采取了合资的手段，在发达国家华为采取与当地知名企业合作，创建了一种以合资公司打开发达国家市场的模式。

除此之外，华为还进行了海外投资与并购，通过不断地在海外创立众多的技术研发中心，顺利地达到全球范围内的人力资源优化配置，同时吸收优秀的技术研发人员，使得华为拥有了代表了国际先进技术的自主知识产权。

华为的因地制宜来源于任正非的远大目标

任正非在建设和发展华为的过程中，将个人的烙印与秉性深深地注入了华为，他认为只有在树立远大目标的基础上，因地制宜地进行管理才能事半功倍。在成立起华为后不久，任正非就提出了华为的发展目标是成为世界级通信设备制造商，他将此看作是一种使命和信念。任正非说："我们若不树立一个企业发展的目标和导向，就建立不起客户对我们的信赖，也建立不起员工的远大奋斗目标和脚踏实地的精神。华为若不想消亡，就一定要有世界级的概念。"

当然，任正非并不是说说而已，在他的思想中，只要是自己想完成的事情，即便是有困难，也绝不能找借口。那些光喊困难而不去努力克服的人绝不是一个称职的管理者。任正非还将美国麦克阿瑟将军要求西点军人始终坚持的三大信念"责任、荣誉、国家"修改为"责任、荣誉、事业、国家"，并且以此作为华为新员工必须永远牢记的誓言。

任正非首先定下的是国际化策略。当时的华为在国际市场上就是一个彻头彻尾的无名小卒，对于华为来说，一切都是从零开始。从艰难生活走过来的任正非，更能理解国内企业与国际企业之间存在的不同，他认为不能一味进行模仿，要先了解自己企业所存在的真实问题，在现场找答案，因地制宜地进行管理。

从 1996 年到 2000 年，华为不断地参加国际电信展，其品牌和知名度不断上升。在结合国内特色的基础上，华为还推出“东方丝绸之路”“东方快车”等品牌计划让国际客户来熟悉、了解华为。

1997 年，任正非参观美国 IBM 之后，意识到了华为与国际一流企业在管理上的差距，因此，他决定要向 IBM 学习。他的学不是挂在嘴上或者买几本书来看这么简单。1998 年，华为斥巨资与 IBM 合作项目“IT 策略与规划”正式启动，内容是：针对华为未来 3 ~ 5 年需要开展的业务流程和所需的 IT 系统进行规划和设计，这其中包括集成产品开发、集成供应链、IT 系统重整和财务这四个方面统一共八个项目。据不完全统计，当时的华为为了这项业务流程变革所付出的资金高达 10 亿元。

为了让华为能够在国际化道路上走得更为顺利，任正非花费大量的时间和精力建立起更适合国情和企业发展的机制。在《华为的世界》一书中曾提到：摩托罗拉中国区总裁高瑞彬曾经判断华为依靠小米加步枪的竞争优势不可能维持下去。但华为有一个让华为人津津乐道的快速反应机制——哪里出问题就第一时间赶到现场并想办法解决的特点。

正是因为有着这样的快速反应机制和因地制宜的管理方针，华为才能够与世界顶级的电信运营商以同一种语言进行沟通。

管理手记

管理者应该学习任正非的这种精神，更多地从企业自身的能力出发，因地制宜地发展，让企业获取飞速发展的机会。

CHAPTER 2
第二章　组织讲矩阵：由高度集权到分权抗衡

为了能够有效发挥平台的能力作用，增强组织的灵活性，保持对客户需求的快速反应能力，华为提出“以项目为中心”，用强矩阵的方式来管理项目，这使得华为内部各个部门之间的管理越来越得心应手。”

组织设计：从“金字塔”走向“扁平化”

庙小一点，方丈减几个，和尚少一点，机关的改革就是这样。

——华为总裁任正非

2016年8月华为内部署名为“泥瓦客”的一名“海龟”程序员，在华为内部发表了一篇文章，讲述了自己从组织、流程、环境、工具四个方面痛斥在华为做研发时的不易，名为《华为到该炸掉研发金字塔的时候了》，文章发表后又被转发到华为员工官方社区“心声社区”，至此引发了一场轰轰烈烈的内部讨论，华为创始人任正非也被惊动了。等到他看完所有人的讨论后，竟然签发了一封总裁办邮件，不仅把文章和大家的讨论贴出来，而且还告知了全公司的员工。如图2-1所示。

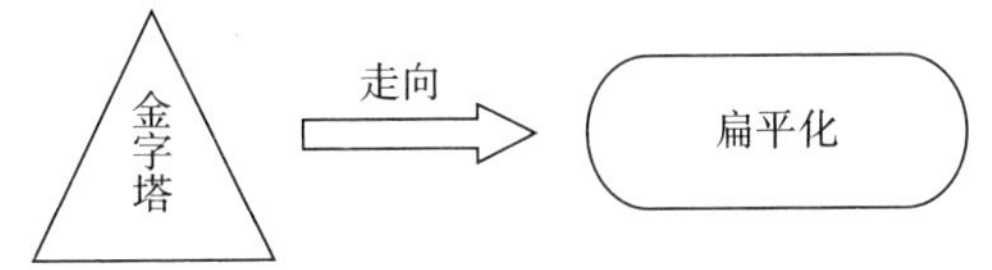

图2-1　组织设计从“金字塔”走向“扁平化”

任正非在签发这份邮件的时候写道：“技术工作的客气是毒品，直面地批评、争论才是良药。”同时他还提出，“简化组织管理，炸开金字塔让组织更轻更灵活，是我们未来组织的奋斗目标”。

金字塔要炸开

近年来，华为从 CT 到 ICT 的转型过程中，一直研发如何能解放和发展生产力，大幅提升研发效率，这是决定华为未来能否立足于强者之林的一个关键。

就像华为员工所写的那样，虽然华为的发展已经很好了，但是与西方国家的企业比较，华为依然存在着很大的差距。就是在国内与中国领先的互联网产品相比，在易用性、贴近用户和产品快速迭代等方面华为也着实落后不少。这就促使华为必须进行组织设计的变革，从“金字塔”走向“扁平化”。

任正非说：“华为过去是一个封闭的人才金字塔结构，我们已炸开金字塔尖，开放地吸取宇宙能量。”

任正非说的这个变化，显然已经触及了华为组织架构的实质。华为的组织结构已经从“金字塔”走向了“扁平化”，这指的是华为的管理结构已经开始由一个相对封闭的系统，走向了一个相对开放的系统。

与很多强调组织结构稳定的企业不同，华为建立的是一种可以有所变化的矩阵结构。华为的这种组织架构发生的变革，意味着华为以前围绕的思想管理的组织架构开始松动了，变成了经过改良的矩阵式管理体系。但是改良并不是改革，改良之后华为的决策中枢仍然是任正非在帘子后面起决定作用，没有达到想要的集体决策的目的。

曾经华为人喜欢挂在嘴边的一句话就是：力出一源，利出一源。意思是只要力气用在一个地方，那么利益也会出现在一个地方。这也要求华为人要做到心出一源。

为了确保华为内部做到心出一源，任正非反对员工思考公司战略，也不喜欢提出战略方案的员工。但是华为已经不是刚刚创业的时期了，现在的华为需要的不再是“金字塔”式的组织结构。任正非对此也有着自己的认知：“我们处在互联网时代，青年的思想比较开放、活跃、自由。我们要引导和教育，也要允许一部分人快乐地度过平凡的一生。”

经过改革的华为矩阵管理体系（华为通过形成横向和纵向两条线进行矩阵管理。竖线是面向市场机会点、产品的研发，按业务部划分和命名，如交换业务部、智能业务部、新业务部，管产品、管进度、管市场、管业务。横线是面向技术积累，做核心技术的积累和研究，做技术管理工作，以“部”或“办”来命名，如总体办、基础部、计划处、硬件部等，管人、管物、管规划、管流程），使得华为的权力金字塔终于被炸开了，这给组织带来了一缕清风，避免了员工成为只会不折不扣执行的木乃伊和只会埋头苦读圣贤书的书呆子。“金字塔”被炸开口子后，华为就能吸日月之精华——技术思想产生的方式已经获得了解放，再加上接了地气终端设备的蓝军队伍，华为直接吸收了大地之力量，上下贯通了。

建立起可以有所变化的矩阵管理体系

华为在组织设计中，一直都在强调自己的组织结构与稳定的企业存在着不同，华为建立的是一种可以有所变化的矩阵结构。华为每次的产品创新都肯定伴随组织架构的变化，华为每 3 个月就会因为产品的创新而发生一次大的技术创新。这就类似于某种进退自如的创业管理机制，能够随时根据市场的变化做出快速反应，一旦出现机遇，华为相应的部门便能迅速出击，抓住机遇。华为的组织结构在这个部门的牵动下，也会随之发生一定的变形。不过，流程是没有任何变化的，只是部门与部门之间联系的次数和内容发生了变化。这种变形也只是暂时的，等到阶段性的任务完成后，整个组织结构又会恢复到常态。

华为建立起这样的矩阵结构，是因为华为的架构设计SE与开发是分离的。在华为一些架构师与专家基本上是不懂开发的。

在华为公司内，一般各个产品线都会设有架构设计部，而且主要成员也会以各个层次的SE为主。虽然这些SE也都曾是程序员，但因为他们长期脱离开发部门，所做的都是一些会议、胶片和文档的编写，这直接导致他们对于编程能力的丢失，再加上新技术学习的机会非常有限。比如：一个移动开发的SE，他对怎么在Android、iOS上进行开发一点儿都不清楚。所以说，在这样的基础上，做好真正的架构简直是空谈。这是华为建立可以有所变化的矩阵管理体系的第一个原因。

第二个原因是华为内部的开发者大多为低级别，他们的技术积累往往不多。众所周知，一般基层的程序员只要有能力，基本上就能在工作几年后被提升到PL、PM、SE等职位，渐渐就变成了公司的管理者。员工都有一个认知，那就是只做开发是没有职业前途的，永远都是在金字塔的底层。想要说话比较有分量、收入相对较高，就一定要做到管理层。

编程是一门艺术，需要员工付出极大努力，如果程序员自身都觉得自己所从事的事业没有前途，甚至因此而不思进取，或只是一心想要成为管理者，那华为的软件开发将很难有技术和人才的积累。

华为公司内部组织的复杂，使得很多研发员工的不少时间都被各种各样的规划、研讨、问题回溯、客户支持等会议占用。有员工笑称："白天是用来开会的，晚上加班才有时间编程序。"

为了有效地改变这一现状，华为公司建立起了可以有所变化的矩阵机构，针对不同的组织和项目，尽快找出相应的沟通节点并能有效地减少这些沟通节点，研发快了，产品更新快，利润自然就滚滚而来了。

管理手记

规模的扩大会带来组织的官僚化，让组织变得迟钝和迟缓。如何做到“不忘初心”，保持初创公司的活力，让每个人都有超出极限的发挥，实现业绩的持续高速增长？这是华为的管理团队在当下需着力解决的问题。

告别“一言堂”，科学分权与授权

最初的二十年是中央高度集权，导致后来有条件来讨论分权制衡，把后方变成系统的支持力量。

——华为总裁任正非

在华为刚刚成立之初，可以说是真正的“一言堂”，用任正非自己的话来说，华为在成立之后的前十年几乎没有开过办公会之类的会议。这也是中国所有小企业、民营企业初期的真实写照。华为和其他企业有所不同的是，创业伊始任正非不是仅仅把自己当作是一个技术人员、一个业务人员，而且还科学地分权和授权，任各地的领导者们自由发挥，努力在最大限度上调动大家的积极性，凝聚员工的向心力。

1998 年，华为通过内部员工之间的讨论，出台了“华为基本法”，根据任正非的思维因果，用统一的语言集中做的一次梳理，是中国企业第一个完整系统地对其价值观的总结，对中国的企业文化建设起到很大推动作用，结束了占山为王、诸侯割裂的现象，统一指引了华为人的行为模式，如图 2－2 所示。

“华为基本法”（“华为基本法”总结、提升了公司成功的管理经验，确定华为二次创业的观念、战略、方针和基本政策，构筑公司未来发展的宏伟架构）的出现，表明在公司中，适当地将权力下放可以有效激励员工，让员工为公司创造价值而不仅仅是实现价值。

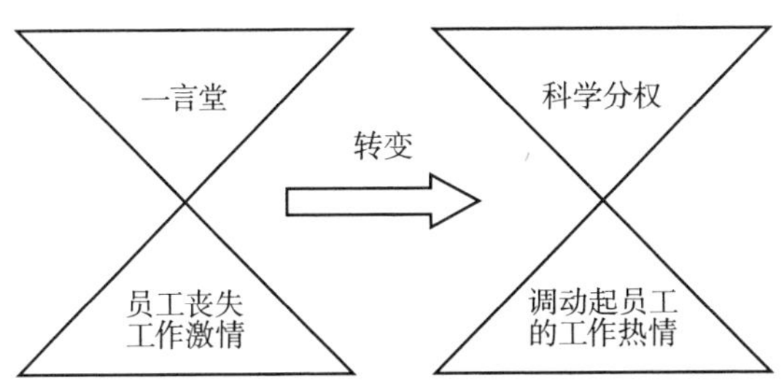

图 2－2　“一言堂”和科学分权的区别

有效控制的组织是分权的基础

“华为基本法”第四十四条明确提出：“公司的基本组织结构将是一种二维结构，也就是按战略性事业划分的事业部和按地区划分的地区公司。事业部在公司规定的经营范围内承担开发、生产、销售和用户服务的职责。地区公司在公司规定的区域市场内有效利用公司的资源开展经营。事业部和地区公司均为利润中心，承担实际利润责任。”

“华为基本法”第四十六条也明确对事业部建立的原则和作用进行明确地阐述和规定：“对象专业化原则是建立新的事业部门的基本原则。事业部的划分可以是以下两种原则之一，即产品领域原则和工艺过程原则。按产品领域原则建立的事业部是扩张型事业部，按工艺过程原则建立的事业部是服务型事业部。扩张型事业部是利润中心，实行集中政策、分权经营。应在控制有效的原则下，使之具备开展独立经营所需要的必要职能，既充分授权，又加强监督。对具有相对独立的市场，经营规模已经达到一定规模，相对独立运作更有利于扩张和强化最终成果责任的产品或业务领域，应及时选择更有利于它发展的组织形式。”

在任正非看来，事业部和地区公司的成功与否，关键都是在于组织分权制度是否适度。他说："事业部不能军阀割据，自立山头。如果对事业部失去控制就失去建立事业部的目的。子公司能吞掉母公司，更是个笑话，是控制关系的完全颠倒。"

任正非在华为刚开始建立矩阵结构的时候，就已经意识到了这个问题，他提出的解决方案就是："我们必须明确，只有控制有效的组织才是我们应该建设的组织，没有控制有效，就没有必要分权。"

设立若干事业部

现在的华为发展得越来越快，逐渐迈上了高速发展的道路。华为不但在产品领域开始了扩张，就其市场范围更是遍及全国的各省市，公司的员工数也开始呈几何倍数递增。在这种情况下，原来"一言堂"式的直线管理也随之暴露出其缺点：在组织规模扩大的情况下，业务会变得比较复杂，假设仍旧是一个人来承担所有的管理职能，就会出现这个人突然离职或恰巧不在时，企业很难在短时间内找到替代者，导致部门间协调出现问题。

任正非看到这种管理上的弊端后，决定让华为的发展向市场靠拢，这种靠拢不仅仅只是依靠先进的技术和可靠的质量，同时还必须用周到的服务去争取市场，这就需要在直线式管理的结构上细分管理系统。

1998 年，任正非在华为内部开始废除以往部门结构管理的权力主要集中在少数几个高层手中的管理模式。他先参考大量西方先进管理经验为已用，同时结合华为的实际情况，开始提高管理效率，引进事业部机制，为华为创造出了更多新的增长点，"调动起每一个华为人的工作热情"。

除此之外，任正非还按照企业所经营的事业，包括产品、地区、市场和客户等来进行部门划分，设立了若干事业部。

事业部的成立，使得华为一旦出现有战略意义的关键业务和新事业生长点的时候，能够快速在组织构架上相应地建立一系列明确的负责部门，这些部门也成为公司组织的基本构成要素。只要华为遇到新的机遇，这些相应的部门就会迅速出击，而不再是像改革之前需要整个公司开展行动。在大大节约时间的同时，也缩短了公司的反应时间，快速出击，为公司争取到最大的收益。

管理手记

只有控制有效的组织才是我们应该建设的组织，没有控制有效，就没有必要分权。

简化组织结构，让企业“减负”

当年我们从小公司走向大公司时，不知道怎么管理，分工过细。现在我们使用的工具先进了，很多流程打通了，功能组织也要综合化，不仅减少层级，也要缩小规模，几个组织合并成一个组织。

——华为总裁任正非

华为公布的2016年上半年财务报告显示，销售收入2455亿元人民币，同比增长了40%。在全球经济都不景气的背景下，这个业绩着实令人惊叹。2016年公布的世界500强排名，华为更是从2015年的全球228位一步跃升到了129位，能在短短一年之内，跃升跨度达99位之多，这是十分少见的。

华为能取得如此骄人的业绩，得益于任正非非凡的战略眼光。任正非在互联网经济时代，做到了简化组织管理，让公司“轻装”前行。

互联网的发展给商业世界带来了不小的冲击。其主要包括企业中个体能力的变化、企业竞争状态的变化和跨界竞争已成为常态这三个方面（如图2－3所示）。具体内容包括：互联网的发展使得企业中的个体开始变得活跃和渴望自由，员工开始不愿意被限制在一个结构里面，同时也希望自身的价值能够真正被承认和衡量；互联网使企业一直处于动态竞争中，并让跨界竞争变得普遍。

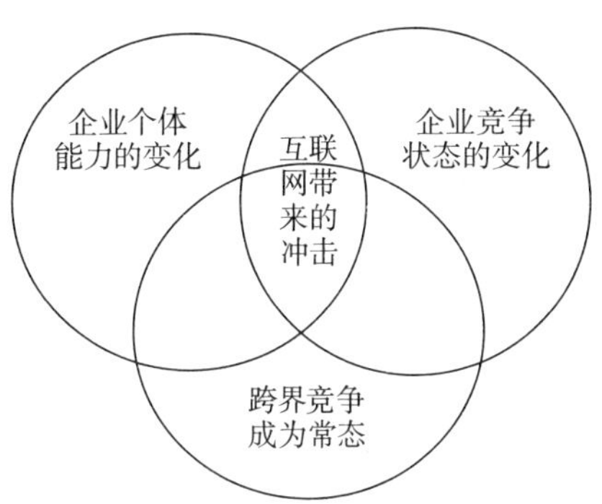

图 2－3　互联网给企业带来的变化

因为个体能力变强、动态竞争以及跨界融合等新的变化出现，导致企业的组织结构也必须跟随着变化。这些变化与旧的组织之间形成了天然的矛盾，组织代表稳定，互联网带来变化，两者之间的冲突正是今天互联网经济对传统企业挑战的本质。简化组织管理，让企业前进的脚步更加轻盈。

组织结构要适应客户需求和市场变化

思科公司从 1997 年开始，就有计划地针对电信服务商移植 IP 服务以及中小企业通过分销渠道方式采购 IP 产品这两个主要的新兴市场机会。为了建立起针对服务运营商、大型企业和商业的三个业务部结构，思科开始采用事业部公司结构。组织结构的细分，促使其公司内的业务取得显著增长，成为企业和电信市场公认的领导者。

在互联网飞速发展的今天，客户要求网络产品能够无视所有的客户环节，透明地集成外部网、内部网与互联网，因为这种客户需求的显著变化，促使现在的市场进入了转折点。思科公司通过感知客户需求和市场的变化，果断地变革组织结构，细分公司内部的组织结构。利用新的集权式的技术部和市场组织，扩展企业内产品的领先能力，用统一的架构为所有客户的网络提供无缝的集成。

思科公司针对客户需求和市场机遇的不断变化，进行结构调整以便于适用，促使该公司保持住了处于前沿的技术实力。由此可见，建立起一种适应新时代特征的组织结构已经迫在眉睫。

针对这一点，中国著名企业文化与战略专家，新希望六和股份有限公司联席董事长兼首席执行官陈春花认为："这种新的管理范式具有系统思考的思维，依赖于激发个体内在价值，而不是沿用至今的组织价值。如何设立并创造共享价值的平台，让组织拥有开放的属性，则成为基本命题。"

企业内部的组织职能正在进行着剧烈演变。十多年前的通用和丰田公司，已经将管理层级大为缩减，今天的华为更是将组织变革进行到底。为了能够实现个人与集体目标的协同前进，华为的组织现在变得更加扁平。在扁平的层级框架里，权利和职责不再具有分明的边界，那些有意义的声音，能够最快速地到达决策的中心。同时也形成了华为独特的企业优势，那就是以合伙人机制替代雇佣关系，激活人力资本产权价值。这也是创新经济赋予华为最为显著的特征之一。

"减负"能带来更大收益

生活中，大部分人对华为的了解主要是通过华为手机，但实际上，这只是华为大体系下的一个部门而已。真正的华为公司不仅在全球的通信领域排名靠前，更是全球屈指可数的几大主要电信设备供应商之一。

为了简化组织结构，华为在统一的公司平台上进行差异化的运作和经营管理。2011 年年初，华为成立了运营商网络业务、企业业务、终端业务和其他业务四大业务运营中心，并且有针对性地设置了各自的经营管理团队，各自按照其对应客户需求的规律来确定相应的目标、考核与管理运作机制。

与此同时，华为为了适应不同客户群的商业规律和经营特点，设立了面向三个客户群的 BG 组织，以为客户提供创新、差异化、领先的解决方案为主要目的。

2014 年 4 月 8 日，华为公司发布管理层任命公告：原企业 BG 总裁徐文伟出任战略 Marketing 部总裁，原运营商 BG 总裁丁耘出任产品与解决方案总裁；邹志磊出任运营商 BG 常务副总裁（主持日常工作），阎力大出任企业 BG 常务副总裁（主持日常工作）。

华为将整个公司拆成几个 BG，就是强调不同的客户需求要用不同的解决方案、不同的组织结构、不同的干部管理、不同的激励机制。组织结构简单了，流程缩短了，有利于效率的提高。

管理手记

华为设置这样的工资薪酬制度，是因为其想要简化组织管理，让员工直接管理公司，为公司的发展做出贡献，促使企业“减负”，更快地前行。

权力新主角，一线“铁三角”

努力做厚客户界面，以客户经理、解决方案专家、交付专家组成的工作小组，形成面向客户的“铁三角”作战单元。

——华为总裁任正非

在华为公司，其后方配备的先进设备、优质资源，在一线一旦发现目标和机会时能及时发挥作用，为一线提供有效的支持，而不是像很多传统企业那样，让拥有资源的人来指挥战争、拥兵自重。任正非最经典的一句话就是：“谁来呼唤炮火，应该让听得见炮声的人来决策。”

形成面向客户的“铁三角”

在今天的服装制造企业，三个人就能组成一个“微型公司”，每一位组员都拥有决策权。从款式定制到颜色、尺码、库存都是组员自己所决定，这样的“三人小组制”，让一线“铁三角”发挥了巨大作用，发迹于互联网的服装品牌韩都衣舍正是这样做的。

华为也考虑到了这一点，利用基层作战单元在授权范围内，有权力直接呼唤炮火……

任正非说：“我们系统部的‘铁三角’，其目的就是发现机会，咬住机会，将作战规划前移，呼唤与组织力量，实现目标的完成。系统部里的三角关系，并不是一个三权分立的制约体系，而是紧紧抱在一起生死与共，聚焦客户需求的共同作战单元。它们的目的只有一个：满足客户需求，成就客户的理想。”

华为“铁三角”模式最开始形成的雏形，是出现在华为公司北非地区部的苏丹代表处。2006 年 8 月，当时华为业务快速增长的苏丹代表处在投标一个移动通信网络项目时没有中标。针对此次失利，华为召开了一个分析会，在这次分析会上，讲述了华为针对客户需求不能主动把握的问题。之后，在一次客户召集的网络分析会上，华为共去了七八个人，每个人都向客户解释各自领域的问题。客户的 CTO 更是当场直接抱怨：“我们要的不是一张数通网，不是一张核心网，更不是一张交钥匙工程的网，我们要的是一张可运营的电信网。”

针对客户需求的这种问题，苏丹代表处决定打破楚河汉界，以客户为中心，协同客户关系、产品与解决方案、交付与服务，甚至商务合同、融资回款等部门，开始有针对性地组建特定客户（群）项目的核心管理团队，争取能够实现客户接口归一化，更好地帮助客户获得成功。

“三人同心，其利断金”。苏丹办事处以客户经理、解决方案经理、交付经理为核心组建项目管理团队，把这种项目核心管理团队称之为“铁三角”，如图 2 - 4 所示。“铁三角”模式的出现，让华为形成了面向客户以项目为中心的一线作战单元，从点对点被动响应客户到面对面主动对接客户，开始更深入、准确地全面理解客户需求。

该决策效果显现得非常快。2007 年，苏丹办事处通过“铁三角”模式获得苏丹电信在塞内加尔的移动通信网络项目。看到这种情况的华为开始在全公司推广并完善“铁三角”模式。随着华为企业的快速发展壮大，华为的“铁三角”模式也日臻成熟。

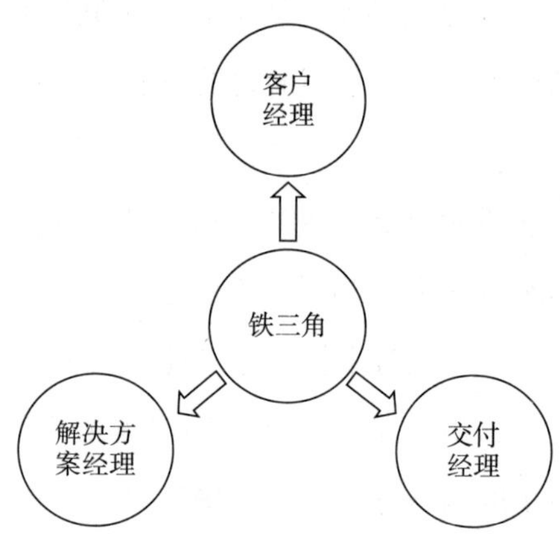

图 2－4　华为“铁三角”模式

建设项目“铁三角”团队

华为项目“铁三角”是为了切实贯彻以客户为中心的经营理念，基于客户或项目组建成的跨功能部门的核心管理团队。项目“铁三角”团队是华为聚焦客户需求的一线共同作战单元。

华为项目“铁三角”其成员构成体系包括核心成员、项目扩展角色成员和支撑性功能岗位成员。它的主要作用是通过华为与客户的统一接触界面，承担从线索管理到合同履行的“端到端”职责，从而全面提升客户全周期体验和客户满意度，最终实现项目的高赢利性。

想要像华为一样建设自己公司的项目“铁三角”团队。首先，需要与客户组织进行匹配。这个团队一定要能够做到深入理解和梳理客户组织结构图，熟悉客户的部门、岗位、职务、权限、运作流程；同时还能够洞察关键客户链和整理客户各项业务流程，梳理出流程上的所有关键客户和角色。

其次，“铁三角”团队的第一责任人一定要由客户经理担任，让解决方案经理和交付经理全力协同其工作，保证三者之间组成一个三角形。三个角之间的距离，角色承担的责任是一样的，如此才能根据项目发展的实际需要进行快速调整。

紧接着就需要这个小团队内部做好角色转换工作，客户经理需要从过去的纯粹的销售人员向综合经营管理角色转变，解决方案经理由产品销售向综合解决方案销售转变，交付经理也由单纯的项目交付向对客户服务与满意负责转变。只有能够进行这些角色的转换，才能最终实现与客户共赢。

想要像华为一样拥有“铁三角”模式，还需要学习华为结合“铁三角”组织形式的推行，引入项目制授权，赋予项目“铁三角”相应权利，有效增强一线决策层级，实现决策前移，让听得见炮声的人来呼唤炮火，保证快速响应客户需求应对市场竞争。

最重要的是一定要让这个“铁三角”小团队作为独立经营单元运作。华为项目“铁三角”运作团队就是在公司授予的权限和预算范围以内，自身具有经营管理、奖金分配、资源调度、相关重大问题决策、成员绩效目标承诺和关键绩效指标制定等重要权利，只有赋予了他们这样的权利，才能保证“铁三角”制度的有效落实以及发挥效力。

管理手记

华为“铁三角”所需能力涉及“铁三角”组织整体运营能力以及个人角色能力，这些都是现代企业在带团队的过程中需要学习的。

监督机制要透明和信任

一个人不管如何努力，永远也赶不上时代的步伐，更何况知识爆炸的时代。只有组织起数十人、数百人、数千人一同奋斗，你站在这上面，才摸得到时代的脚。

——华为总裁任正非

很多公司都想进行一线授权，可又害怕授权之后，会给公司带来风险，一线员工能力跟不上或者“胡来”的时候公司要怎么办？这是很多公司的管理者不得不考虑的问题。

针对这个问题，任正非在 2015 年市场工作会议上说：“未来五至十年，华为将从中央集权式的管理，逐步迈向‘让听得见炮声的人来呼唤炮火’，一定要大道至简，一定要分层分级授权，使管理标准化、简单化。一定要减少会议、简化考核、减少考试，不能使用学生式的管理方式进行管理，更不能按考试得分影响薪酬。主要精力要集中在产粮食上，按贡献评价人。”如图 2－5 所示。

僵硬的土地上是长不出苗的

华为成立之初，是没有任何职业化管理体系的，当然也没有正式的办公决策会议制度，任正非的大部分时间是用来见客户和听汇报的。为了减

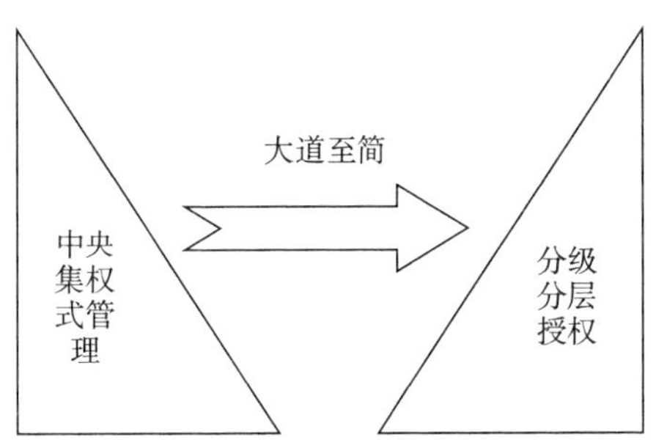

图2-5 管理要大道至简

少自己的压力和让下属获得更好的发展，任正非身体力行以客户为中心进行充分授权，给下属成长的空间。他告诫自己的员工要始终以奋斗者为本，不断自我改进，团结众人。之后，他就开启了自己的甩手掌柜模式，培育接班人成长的土壤。

从1997年到2003年，这段时间被称为是华为公司成长的困难时期。任正非在这段时间健康出现了问题：高血压、糖尿病，还因为癌症分别在左小腿部和左耳部分别做过两次手术，但他凭着乐观的天性坚持工作着。

任正非在与员工沟通时说："重要的是管理团队在参加讨论的过程中，用切身实践去领悟，把基本法的精神融入未来的实践中。"基本法的讨论更像一次全公司企业文化的学习与提炼。据员工回忆，这时候的任总更像一个"文化教员"，也是从这个时候开始，华为公司核心价值观的传承和培养华为接班人群体的工作开始开展。

与此同时，华为公司还专门请国外公司启动职业化管理的流程制度，想要把一个在产品开发上以技术为导向的公司变成一个以客户需求为导向的公司。整个过程中，任正非授权变革管理委员会全权负责，给予该委员会很大的信任。徐直军对此深有感触，他在给重要客户介绍时，说华为的IPD（集成产品研发流程）、ISC（集成供应链）是一个非常大的变革，任总其实就只懂几个字，IPD、ISC里面他就不明白了。即便如此，他依旧坚定不移地推行，把不适合的人调开。这么巨大的管理工程变革实施历经了14 年之久，但任正非一直没有改变自己的信任，坚持授权，让其放手去做。这一举动终于让华为有了今天的研发水平和“端到端”的交付水平，并培养出了华为能够服务于全球客户的能力。

全员持股，全员监督

员工持股计划在华为的成长过程中起到关键的激励作用、引领作用，甚至起到了关键的吸引和留住作用。很多人都非常好奇这个计划是怎么运作的。据统计显示：华为员工持股计划是广覆盖的，员工持股人数极其庞大，现在华为的员工人数已经超过了 16 万，而这其中持有华为股票的员工已经接近 7 万。

华为为了更好地推动自身的发展，曾邀请过美国一家专门做股权设计的咨询公司来咨询，之后对华为股权定性为“虚拟受限股”。何为虚拟？就是全员持股的股份并不是真正的法定的股权，受限股是因为它的流通是受到限制，员工只有在华为的时候，才能领取股份，一旦离开华为，该股份就被公司回购回来，回购的价格是以当时的每股净资价格来回购。

这样的做法成功地吸引和留住了华为的广大员工，还不影响任正非对企业的控制权。因为全员持股的制度，员工每年都在增加，所以华为每年也在不断稀释、不断配股，这个盘子看着是越做越大了，但是所有者的持股比例也随之越来越低，最典型的就是任正非本人的持股比例只有1.42%，但是这并没有影响他对这个企业的控制权。放眼全国的企业，除了华为之外，所有者持股比例在一家未上市公司中占 1.42%，基本上是找不到第二家了。

管理手记

华为在改革组织结构的时候，始终保持着授权信任和监督并行的原则，不仅凝聚员工，而且对于使员工关注公司的整体利益，关注公司的经济效益起到了非常大的作用。

CHAPTER 3 第三章　制度讲优化："华为基本法"保证优秀基因的传承

华为想要获得持续成功，就必须有三个要素：必须有一个坚强、有力的领导集团，且要听得进批评；必须有一个严格有序的规则、制度，同时这个规则、制度是积极进取的；必须有一个庞大、勤劳、勇敢、善于学习的奋斗群体。这其中，进取的制度是必然要存在的。

没有制度，就没有企业的发展

华为需要有灵活的运作机制和组织结构体系，这个机制和组织体系一旦确定下来，必须要严格遵守。

——华为总裁任正非

对于一家公司的管理者来说，想要建立和完善企业的制度需要企业经营者参与到企业的事务工作中，同时还要对经营所牵涉的复杂事务逐一深入检查，通过点点滴滴的事情不断积累经验，企业所需的经营制度才能一步一步建立起来，如图3－1所示。

图3－1　没有制度就没有企业的发展

华为在创业之后，发展得很快，但任正非仍感到不尽人意。在工作中他常常是按下葫芦浮起瓢，很多事情都摆不平。他就像一个家里的家长一样，面对着华为中的一群兄弟姐妹，给他（她）多，就会给他（她）少。

到底利益成果该怎么分配？

任正非认识到这一点的重要性，产生了制定规则和用规则来分钱的想法。华为的制度也由此产生。

制定好规章制度

在制定规则的时候，不能把希望寄托在这个美好的假设上面，而是要制定好规则、制度，让员工按章办事，才能保持企业的稳定发展和高效运营。

1995 年以后，任正非说自己全力要做的事就是努力为华为建立规则、制度，而且是成体系地建立制度。建立制度，就能够明确一个人干得好不好。在华为这个分工体系中，有了制度，就能借助于市场法则，很容易去正确评价一个人的贡献和价值。

华为最初通过人民大学教授的帮助建立起评价体系。虽然说是评价体系，但是从本质上来看，它是一个传帮带体系。

这个体系的具体流程是：帮助员工制定计划；监督执行情况；在这个过程中提供帮助；检查结果；查找问题原因；制定完善计划……然后就是循环往复这些步骤。但就是这样的一套体系，华为人是如何做到的？这才是大家要向华为学习的地方，毕竟，工具和方法到处都是，但是在企业中只有华为做到了。

任正非说这是他从军队中学到的。在管理中他更是组织一部分人来，任务就是在华为内部进行检查。任正非还为这个组织起了个名字叫作“四级人力资源管理委员会”。在华为，人力资源管理委员会一直安排到基层，他们管的就是人，经理就是管事，财务管的是钱，任务划分得特别明确。

任正非说对于华为的管理他一直都有着清醒的认识，想要管理好华为就一定要有规则和制度，“华为基本法”应运而生。任正非说：“既然这个事是重要的，我就必须配置资源干好这个事，垂直管理，从集团机关一直到基层。如果这样还评价不出来，那人力资源的投放就是浪费，要求你无论如何也要帮我找到办法，把人力贡献的价值给评估出来，包括长期的和短期的。即便不能评价得很量化、很科学，但我也能把人给整直了。因为总有人在看，总有人在评。员工做得对还是不对，只要有人在议论这事，还是专职的，就没有管不住的人。"

在华为发展前期，他们就有了两套评价体系：人民大学的教授帮助他们建立的工作评价体系和华为人自己发展起来的所谓价值观、立场、思想评价系统。

为什么要制定制度？华为人认为用价值观评价体系不是抽象的，一个人的立场对不对，是需要站在公司的立场上进行考虑的。要想到组织原则，才能展开公开批评，如果有了制度，那谁也没有退路，不管说什么都有了依据，不管做什么都有了标准。

明确和具体的制度推动企业发展

任正非说："企业的制度应该具有合理性，要具有实用性和可执行性，切忌做表面文章。"关于这一点，远大空调做得比较好。

1995 年的某天，远大的几百名员工正在吃午餐，这时，一台运原料的汽车进了厂区，一路上都在漏油，大家都看见了一大摊油迹。远大总裁张跃看到之后火冒三丈，立刻召集了全体管理人员举行会议来谈这个问题。张跃说："在远大的路面上有一摊油，而又恰巧被正在上下班的几百名员工看见了，这比远大一台机器发生重大质量事故还要严重。"

他话里的潜在意思是：这个现象会给员工留下一种印象，那就是公司对质量要求不严格。一旦员工有了这样的认知，在工作中也会放松对自己的管理，认为可以随便一点。这样的想法如果出现在关键的时刻，整个企业都会因此而被毁掉。所以张跃认为这件事情必须严肃对待，之后他还制定了严格的制度。制度制定之后，类似的事情在远大再也没有发生过。

张跃对制度的推崇非常固执，他有着自己的坚持。任正非也是如此，在华为对于从生产到非生产，从大事到小事，任正非要求华为人每一项工作都做到精益求精，正如张跃所说："一个企业最强的不是它的技术，而是制度。有没有完善的制度，对一个企业来说不是好和坏之分，而是成和败之分，要么成，要么败。而没有制度就一定要败。"

不过有些人据此也提出了疑问，那就是过多地管制会不会抑制了企业的创新能力？或者有可能会让员工感到难以适应？这一点不用担心，不管是在远大，还是在华为，员工都始终认为：企业的制度就像一张规格表，只要自己把它烂熟于心，那么闭上眼睛也知道能走哪儿不能走，这样在工作中才会有自由的感觉。任正非说："将员工行为都纳入制度规定，同时运用比较封闭的环境管理和相应的培训，就可以使他们避免社会不良习气的影响。"

对于华为人来说，制度不仅可以让自己有效地总结经验，有的时候还能汇集大家的智慧，更轻松地去指导工作，而且还能在很大程度上避免官僚主义。试想一下，当工作目标、工作流程、工作质量，甚至是那些需要与衔接部门进行的沟通、责任与义务等都有文件进行规范的时候，企业中要想存在官僚主义也几乎没有可能了。

对于一家企业来说，官僚主义才是创新的大敌。一旦整个企业中的各项工作运转都有着非常明确和具体的制度时，企业就会出现一个透明度极高、人人心里有数的局面，从而有效激发员工们的创新精神。

对于任正非在华为进行的这种"半军事化"的管理办法，很多企业也都是赞同的，远大就是其中一个。他们一致认为：这个世界上，没有破产的行业，只有破产的企业。企业会破产是因为许多企业不是没有完善和科学的战略与规划，而是没有健全的制度和优秀的人才，从而导致企业经营不善最终倒闭。

管理手记

企业家们要重视管理中的每一个环节，完善具体的制度，让员工们在工作中不管做什么都有规范，更快更出色地完成任务，这才是企业提升竞争力的保证。

杜绝“花架子”，将最小的虱子看成车轮一样大

员工最重要的还是要做好本职工作，不要把主要精力放在构思“宏伟蓝图”、做“天下大事”上面。

——华为总裁任正非

华为一直流传着这样一个故事：曾经有一位新员工在初到华为公司时，就写了一封针对华为经营战略问题的“万言书”给任正非，任正非看完之后给出的批复是：“此人如果有精神病，建议送医院治疗；如果没病，建议辞退。”

为什么任正非会这样说，是因为任正非认为，作为一名新员工，在对华为还不是十分了解时，就提出那么多“合乎实际”的建议，这可能吗？所以，他制定了一个方针：“小改进，大奖励；大建议，只鼓励”。他觉得作为华为的员工最重要的还是要做好本职工作，不要把主要精力放在构思“宏伟蓝图”、做“天下大事”上面。

杜绝看上去很美

1995 年，被称为是华为管理进阶的起始年。也是在这一年，华为关于管理的关键词是：员工 100% 持股、发放股权凭证、产品多元化、《华为之歌》诞生、发起“华为兴亡，我的责任”的大讨论、大规模推行 ISO9001

标准，更是直接要求将办事处搬到当地星级宾馆办公。

除此之外，华为还专门聘请了中国人民大学教授团进行人力资源咨询，成立了工资改革小组，一心进行设计工资分配方案。这一年的年底，任正非在华为员工大会上正式提出了重建企业管理系统。1996 年 1 月，任正非要求总裁办牵头制定了“华为基本法”。

在一些畅销书上把任正非称为“知识的信徒”，原因是位于深圳龙岗区的华为坂田基地的道路以中外著名科学家的名字命名，如贝尔路、冲之路、张衡路、居里夫人路等。这在知识密集型企业至少算不上新奇，但是这也充分说明了任正非对知识的看重。其实，准确地应该说他是“科学的信徒”。因为任正非非常愿意听取管理研究者的意见，他甚至是把管理看作科学而非不可复制的修炼或者智慧的感悟。也因此，他比一些总是念叨“管理是艺术”的人要显得深刻和冷静得多。

对于制度优化，任正非也有着非常严谨的认知，他结合华为的具体情况进行制定。如果说任正非面对地产泡沫能“像蜘蛛丝一样地抹去”，那么在为华为制定制度时，任正非是坚决杜绝“花架子”的，他就像纪昌练箭——将最小的虱子看成车轮一样大。

1997 年，孙亚芳为华为市场部进行培训时邀请了日本神户钢铁的岩谷真子，岩谷也坦诚地说出了华为的七大问题，其中包括：管理效率低下是核心；劳动生产率低下，以签订商务合同为例，华为所花的时间是日本平均水平的 5 倍等。针对岩谷的报告，任正非在听完之后说：“一本权威的管理杂志曾提到，一个企业的问题中只有 15% 是因为普通员工工作过程的失误所产生，而 85% 源于管理者和管理制度。华为到了在管理上认认真真下功夫的时候了！”

华为制度的制定是一定杜绝“花架子”，实实在在地去下功夫制定好的制度，让企业从中获利。虽然华为的制度优化进阶可能很粗糙，却也能很好地反映出华为制度优化的基本精神。因为华为的制度首先优化了其销售额。以 1995 年为起始，华为当年的销售额为 14 亿元。华为的优化其实并非一开始就目标清晰，在优化的过程中也不乏放弃曾经“看上去很美”的做法。而这其中最重要的一点就是利益的分配机制优化贯穿始终，甚至在 1995 年以前的“英雄主义年代”，华为也是一以贯之。

群体奋斗激发最大潜能

任正非说：“公司管理是一个矩阵系统，运作起来就是一个求助网。希望你们成为这个大系统中一个开放的子系统，积极、有效地既求助于他人，同时又给予他人支援，这样你就能充分地利用公司资源，你就能借助别人打下的基础，吸取别人的经验，很快进入角色，很快进步。求助没有什么不光彩的，做不好事才不光彩，求助是参与群体奋斗的最好形式。”如图 3－2 所示。

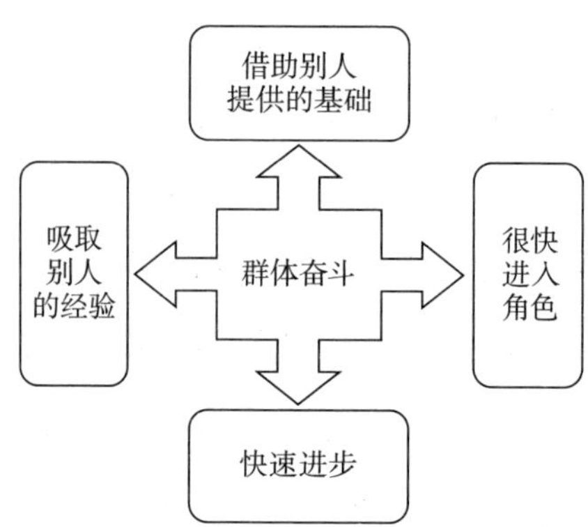

图 3－2　群体奋斗的形式

因此，在华为，实践是华为人水平提高的基础，它充分地检验了华为人的不足，只将不足暴露出来，之后就会获得进步。在制度实施后，华为人明白，只有实践后善于用理论去归纳总结，才会让自己有飞跃的提高。

要摆正自己的位置，不怕做小角色，才有可能做大角色。

道理经过实践和改造后，造就了一代华为人。现在对于华为人来说，类似于“你想做专家吗？一律从基层做起”这样的话早已经深入人心了。华为人始终秉承着一切凭实际能力与责任心定位的观点，认定了个人的评价以及应得到的回报主要取决于自己的贡献度。

在华为，哪怕是给公司添上一块砖，公司就会给你提供走向成功的阶梯。任正非说：“希望你接受命运的挑战，不屈不挠地前进，您也许会碰得头破血流，但不经磨难，何以成才。在华为改变自己命运的方法，只有两个：一是努力奋斗；二是做出良好的贡献。”

在这个世界上，有许多“欲速则不达”的案例。只要你进入华为之后，就会迅速丢掉速成的幻想，学习一丝不苟的敬业精神。努力做到干一行，爱一行。你想提高效益、待遇，只有把精力集中在一个有限的工作面上，不然就很难熟能生巧。对于刚进入华为的员工，任正非会说：“你什么都想会、什么都想做，就意味着什么都不精通，做任何一件事对你都是一个学习和提高的机会，都不是多余的，努力钻进去兴趣自然在。我们要造就一批业精于勤、行成于思，有真正动手能力和管理能力的干部。机遇偏爱踏踏实实的工作者。”

管理手记

华为永远不会提拔一个没有基层经验的人做高层管理者。华为人始终都遵循循序渐进的原则，认真地去对待自己手中的工作，尽全力走好自己职业生涯的每一个台阶。不哗众取宠，踏踏实实一点一点去做。

力出一孔，利出一孔

如果华为能坚持“力出一孔，利出一孔”，下一个倒下的就不会是华为。

——华为总裁任正非

任正非在一次讲话时说：“像美人一样柔柔的水，一旦在高压下从一个小孔中喷出来，就可以用于切割钢板。可见力出一孔，其威力之大。假设十五万人的能量能够汇集于一个单孔里，那么大家的利益就都能在这个单孔里获取。如果华为能坚持‘力出一孔，利出一孔’，下一个倒下的就不会是华为。”如图 3 – 3 所示。

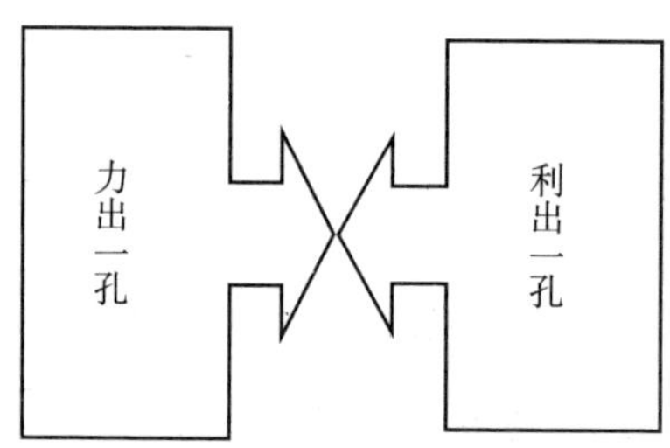

图 3 – 3　力出一孔，利出一孔

天上不会掉馅饼

相信很多人都很羡慕华为员工的高年薪，但是华为的高年薪，华为人的付出又有多少人能够看到？天上不会掉馅饼。华为人所拥有的高年薪，都是自己一步一个脚印干出来的，也可以说是靠着自己的勤奋和忠诚累积起来的。这也印证了任正非的话：华为人都始终朝着一个目标前进，才有了华为现在这种让人羡慕的收益。

华为总裁任正非在总结企业成功的经验时，对于华为的成功说了这样一句话：华为二十八年坚持只做一件事，所有人都朝着一个目标努力。尤其是在房地产市场处在暴利横行的时候，即便是各路资本都纷纷涌向房地产市场，耳边也时刻充斥着"这么努力也比不过一家房地产公司"的话语时，华为依旧没有任何动摇，始终没有放弃主业，依旧只坚持做一件事，最终成就了今天的华为。

华为今天的成功离不开那些拿着数十万、上百万，甚至几百万年薪的员工的努力。在华为这么多年的坚持中，他们始终与华在一起，十年、数十年专做一件事，专心工作在华为这样一个企业中，有的人甚至这么多年一直在同一个岗位上奋斗。最终，功夫不负有心人，华为发展壮大了，而始终不离不弃的这些华为员工不能拿高年薪，那谁又可以拿高年薪呢？就像任正非一直都在说的那样，就凭华为员工对华为的这份忠诚，他们就该拿一份能够充分体现忠诚价值的高年薪。

所有的企业在刚起步的时候，都是非常渺小的，华为也是如此。在华为发展的这些年中，离开华为的员工也不在少数。所以，任正非才提倡"力出一孔，利出一孔"。毕竟像华为这种对员工的忠诚度要求极高，而且劳动强度也很大，再加上知识更新快的企业，员工没有一定的忠诚度是干不下去的。因此，华为忠诚度高而且能力强的员工，其高薪让别的企业员工仰望。

做得越多，获得越多

华为在员工薪酬分配方面实行的是职级制度。通常来说，一般本科和硕士毕业生进入华为，其职级是13级，如果是博士的话可以到15级，经过两年的时间可以升一级，如果员工派到海外工作的话，那么其升级速度略快。按照这样的制度规定，华为员工只要在华为工作八到十年时间，如果绩效能够保持中等以上的水平，那么其基本就是华为公司内的核心人员了。这个时候通常能够升到17、18级，在华为，21～22级就到了总裁、副总裁级别了。

华为制定这样的制度，说明华为人在公司中只要技术过硬、能够适应华为发展的节奏，再加上忠诚度不存在问题的情况下，只需要经过十年左右的奋斗时间，就能顺利进入到百万年薪行列。

华为能够从一个小公司，发展到今天多项产品领先世界，靠的就是华为人的高度忠诚和顽强的毅力。“我们今天是利益共同体，明天是命运共同体。当我们建成内耗小、活力大的群体时，抗御风雨的能力就增强了，才可以在国际市场的大风暴中去搏击。”任正非独到的管理思想，让华为人拥有超高的忠诚度。

互联网经济发展的今天，由于IT行业日新月异的特点，所以企业需要有着高度忠诚度和顽强工作毅力的员工。华为的高年薪并不是简简单单就能获取的，华为的高薪酬，是伴随着华为三十年坚持做一件事而实现的，是华为人用忠诚度和毅力凝结而成的。

管理手记

华为的高年薪是伴随着华为对员工忠诚度和毅力的一种肯定与奖励。也正是这种制度为华为招揽了一大批忠诚度和毅力都十分高的员工，保证了企业稳步向前发展。

CEO 轮值制 打造"将军"的摇篮

授权一群"聪明人"作轮值 CEO，在一定范围内做出决策，是一种职责和权力的组织安排，而非使命和责任的轮值。

——华为总裁任正非

我们现在所处的世界是一个快速变动的世界，在近二十年时间内，世界的快速变化是多么令人瞠目结舌。二十多年前，中国还是一个相对贫穷的国家，现在却是汽车遍地，高铁飞驰，城市华丽，当然物价也变得十分高昂。这些变化还不是最惊人的，电子行业的变化才是惊人的，可以说是发生了翻天覆地的变化，电信从语音时代向宽带、超宽带进化，现在的我们都不知道明天一睁眼，世界会变成什么样子。

任正非在讲话中针对现在世界的变化，说道："曾经有雄厚的技术储备，称霸过世界的设备商，居然在信息技术需求如此巨大的市场中灰飞烟灭了。难道华为会有神仙相助？会逃脱覆灭的命运？你以为我们会超凡脱俗，会在别人衰退时崛起?"

答案当然是否定的，所以华为要针对现在这种社会变化，制定出适合企业长期发展的制度——CEO 轮值制。任正非说："轮值并不是新鲜的事，在社会变动并不剧烈的时代，也曾有皇帝执政几十年，开创了一段太平盛世，唐、宋、明、清都曾有过这么一段辉煌，他们轮值的时间是几十年，几十年后又换一位皇帝。曾经的传统产业也是七八年换一次 CEO，也稳坐过一段江山。看今天潮起潮涌，公司命运轮替，如何能适应快速变化的社会，华为实在是找不到什么好的办法。”如图 3－4 所示。

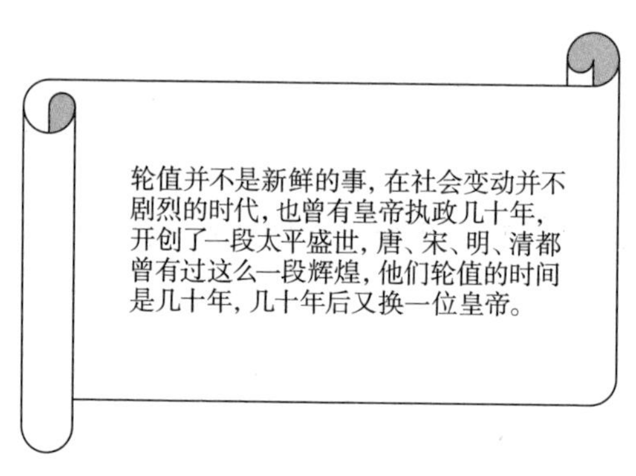

图 3－4　轮值自古就有

CEO 轮值制度的制定是为了适应快速变化的社会，而究竟其是不是好的办法，是需要时间来检验的。

CEO 轮值制度的由来

CEO 轮值制度是 2004 年起实行的“轮值主席制度”演变而来。在“CEO 轮值制度”下，华为公司内部的高管开始轮流担任公司最高领导，主要负责华为的日常经营。

任正非认为，这比将公司的成功系于一人，败也因这一人的制度要好。他们在轮值期间是公司的最高行政长官。他们更多的是着眼公司的战略，着眼制度建设。将日常经营决策的权力进一步下放给各 BG、区域，以推动扩张的合理进行。

这种 CEO 轮值制度能够有效平衡华为公司内各方面的矛盾，使华为得以均衡成长。正如《华为的世界》一书作者冀勇庆表示的：“华为希望通过这样一种机制，实现权力从第一代创业者到第二代管理者的平稳过渡。”

同时，冀勇庆还指出：从任正非的讲话可以看出，华为现在正在走向"后任正非时代"。在设立 CEO 制度之前，董事会在华为中其实并没有太多的实际权力，现在有了这个制度，董事会将被"坐实"，董事会拥有了重大事项的最终决定权，而华为的日常管理则由轮值 CEO 主持和协调。

授权一群"聪明人"作轮值的 CEO

对于企业来说，传统的股东是资本拥有者，而董事会是资本力量的代表，设置董事会的目的是为了使得企业的资本能够持续有效地增值，再加上法律赋予资本的责任与权力，以及资本结构的长期稳定性，就能够使得董事会在公司治理中的决策偏向保守。这其中，在董事会领导下的 CEO 负责制，对于很多企业都具有普适性。CEO 是一群流动的职业经理人，他们通常知识渊博，视野开阔，还熟悉当代技术与业务的变化。很多企业都是直接选拔其中某个优秀者长期执掌公司的经营，这样的选择对拥有资源以及特许权的企业，也许是非常实用的，但对于华为却不然。

华为是一个以技术为中心的企业，也就是说除了技术与客户的认同之外，华为人其实一无所有。同时由于技术的多变性和市场的波动性，华为需要采用的是一个小团队来行使 CEO 职能。这种制度相对于要求其个人日理万机地工作，同时还需要目光犀利和方向清晰，似乎比较有优势。但也有缺点，那就是缺乏团队合作。

华为的董事会明确不以股东利益最大化为目标，同时也要求不以其利益相关者，包括员工、政府和供应商等的利益最大化为原则，而是选择坚持以客户利益为核心的价值观，能够有效驱动员工努力奋斗。在此基础上，有效构筑了华为的生存。任正非说，授权一群"聪明人"做轮值的 CEO，让他们在一定的范围内，能够有权力面对多变的世界做出决策，是企业界中的一个创新，同时也是华为打造"将军"的摇篮。

管理手记

轮值 CEO 制度则以制度的形式确定了公司权力的交替秩序，解决的是公司未来可持续稳定发展的问题，保证了“火车头”的正确方向。

淡化英雄色彩，走职业化之路

只有破除了狭隘的民族自尊心才是国际化；只有破除了狭隘的华为自豪感才是职业化；只有破除了狭隘的品牌意识才是成熟化。

——华为总裁任正非

华为呼唤英雄，不让“雷锋”吃亏，而且本身也会创造出各种各样的条件让各路英雄脱颖而出。不管是雷锋精神，还是英雄行为，其核心本质都是奋斗和奉献。在华为工作，一丝不苟地做好本职工作就是奉献，也就是“雷锋精神”和“英雄行为”。

任正非在1997年诠释“英雄”为“英雄是一种集体行为”，他说：“当代中国更迫切地呼唤英雄的群体，华为青年应该成为这样的英雄。”到了1998年，任正非说：“不做昙花一现的英雄。”而之后他在讲话时就很少再提“英雄”二字。还有人甚至说过：“如果华为还有英雄的话，也就只剩下任正非自己了。”华为的制度在引入和优化脉络之后所呈现出的是淡化英雄色彩，走职业化之路。

华为优化制度，淡化英雄色彩

华为从创立开始一直到现在，都离不开任正非的领导。随着华为的不断发展壮大，华为不再是一家小公司，所以一人管控公司的时代注定要远去了。华为董事长孙亚芳在 1997 年曾感慨：“在管理过程中，我们正逐步地抛弃单纯的感性管理，转入理性管理，在市场部将会涌现出一大批职业经理人。”但是，华为已经“草莽”这么长时间了，身上的“江湖气”不是那么容易去除的。所以，华为需要优化制度，淡化英雄色彩。

1997 年，华为内部开始了大的管理变革，当时出现了 30% 的市场主管离开原有岗位的现象，导致其他部门的人事冲击几乎形成了一场风暴。有报道称，2001 年在 IPD 推行日益深入的那段时间，当时软件及芯片部不少核心研发人员因为实在无法接受个人英雄情结向流程和组织妥协，都离开了华为。任正非自己也曾在非公开场合谈到，自己为发起的这场持续而作风强硬的管理变革付出了很大的代价，当时华为内部大概有 2000 名管理干部离开。任正非一直都是“群众运动”的“爱好者”，所以，打造华为走职业化之路的时候，任正非利用“群众运动”发挥了相当大的作用。

现在的华为已经进入到了“后任正非时代”，大家都很担心的一件事情就是，任正非已经年过花甲，但是华为的接班人尚无端倪，对此，任正非如此回答：“接班并没有什么难，他只要比较民主，而且会签字就行。”如此举重若轻的回答，是任正非不经意间流露的真实，同时也是其对华为“去英雄化”初步胜利的得意。只要华为人能坚持走职业化之路，那么不管发生什么意外，华为都能在“基本路线不动摇”的设计中前行，不偏离航道。

无为而治，实现公司“专业化”

2000 年，任正非在华为阐述了“无为而治”的基本理念。他说：“只有职业化、流程化才能提高一个大公司的运作效率。每个职业管理者都在一段流程上规范化地运作，就如同一列火车从广州开往北京，有数个司机接力。不能说最后一个驾车到了北京的就是英雄。任何一个希望自己在流程中贡献最大、青史留名的人，一定会成为黄河的壶口瀑布，成为流程的阻力。”

从这之后，任正非就对华为人明确提出，华为需要做的是从一个“英雄”创造历史的小公司，开始逐渐演变为一个职业化管理的具有一定规模的公司。淡化英雄色彩，特别是淡化领导人的色彩，是华为实现职业化的必然之路。根据这一要求，华为开始建立起新型的动力机制，针对企业中的团队进行职业化的管理。

为了能够顺利达到华为人职业化的目的，华为还特别邀请了著名人力资源咨询公司 Hay。在他们的协助下，华为制定和颁布了华为高层干部任职资格评价标准，这在华为公司被称为 10 号文件。评价标准中对华为人的任职资格共分五个等级，其中第三、四、五级的干部任职资格标准在华为中保持了相当长时间的稳定，华为的每个高层管理者每年年初都要填写任职资格表，之后还要在年末写述职报告，华为再根据他们的工作来评定其是否合格。

除此之外，任正非还在华为内部实施区别管理，不同于对高层管理者的要求，对中低层管理者任正非要求他们继续争当英雄，以此来获得在华为内晋升的机会，之后成长为高级管理者。

针对自己提出的“无为而治”，任正非要求在减少人为干预的基础上，还需要华为员工做到“有所为有所不为”，正所谓“人法地，地法天，天法道，道法自然”。任正非还明确指出：“华为公司大力推行流程管理，机制管理，今后将是惯性运作。事实上，现在公司的管理层已很少管理公司，除非重大决策，公司运作已经开始与人的管理脱开了。”

在任正非这样的要求下，华为开始不断尝试着通过高质量的“制度化”“标准化”“流程化”和“信息化”来最终实现华为公司的“专业化”，如图 3 –5 所示。

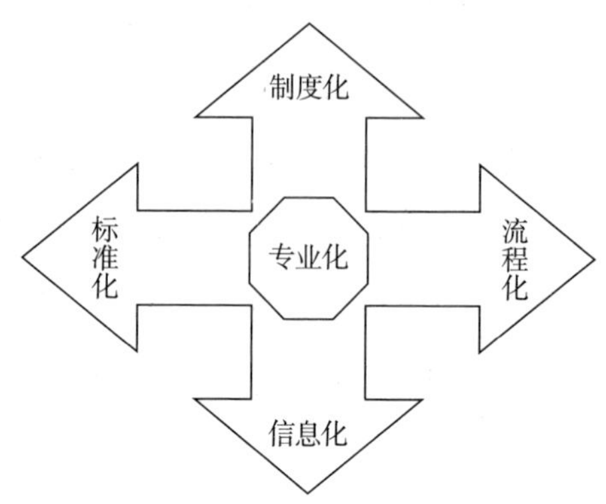

图 3－5 华为公司的“专业化”构成

对于企业来说，制定管理流程化的制度是起点，基础是标准化的管理行为，而保证就是规范化的操作。因此，通过对过往业务经验的积累和规范，华为人在不断提高管理运作水平的同时，有效扩充市场和规模，顺利提高工作效率和降低成本。

实践证明，标准化操作是提高管理和运营效率的有力武器，促使企业业务能够化繁为简的是公司业务流程标准化。它针对华为内部经营管理中的每一个部门、每一个岗位、每一个环节，实施以人为本核心的思想理念，制定出一系列细致化、科学化、数量化的标准，并严格要求华为人按照标准实施管理，这极大地提高了华为人的工作效率，使华为公司的经营管理在扩张中不变样、不走味，保证了华为以最少的投入获得最大的产出。

管理手记

在华为，英雄不是某个人，而是整个团队。有了成绩，员工一起分享，华为给予员工归属感，从而缔造出了一种“胜则弹冠相庆，败则拼死相护”的企业精神。

透明执行，抑侥幸，明褒贬

华为培养出来的人，只会技术，不懂人情世故。

——华为总裁任正非

现代社会中，很多企业在管理中都存在着执行力较差的现象。针对执行力的问题，华为走出了自己的道路——透明执行。华为副董事长胡厚崑曾在致辞中强调“透明”二字：“现代商业社会基本规则之一是公平竞争，公平竞争的前提是开放、透明，这也是作为全球企业公民的华为所必须要承担的责任。”

作为非上市公司的华为，从2009年开始披露公司的财报，同时每一年还会增加公司内部管理人员的名单。在2010年的年报中，华为披露了公司董事会成员名单；在2011年的年报里，华为进一步公布了其三大BG管理层名单，以及其专业委员会名单。

一位欧洲电信运营商的分析师曾这样说：“大概是2007年之前，华为还不对外公布它的财报，从2009年开始，华为的财报开始公布，而且每年增加一点新的东西，你几乎可以预料，明年会比今年的内容更丰富。”

华为如何培养员工执行力

大多数公司里总会有那么一些难以管教的“刺头”员工，这些员工不仅狂妄自大，丝毫不把别人放在眼里，同时还公然藐视领导的权威，甚至还会不断挑战公司的底线。公司因为有了这些人的存在，其不良行为不仅会直接导致团队工作效率下降，同时也会影响到整个团队的工作环境，会给公司带来非常大的不良影响，如图 3 –6 所示。

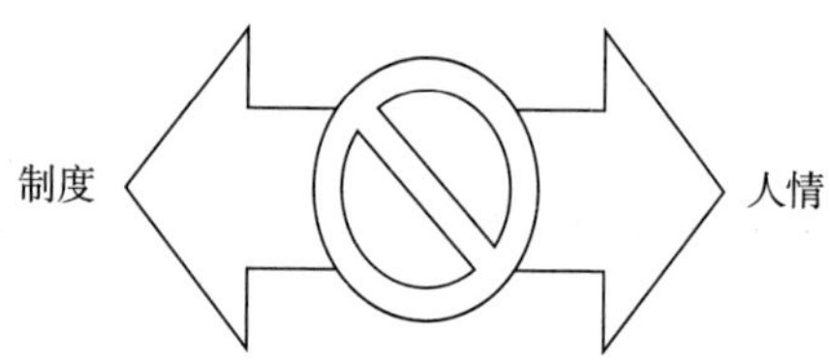

图 3 –6　制度不等于人情

那么要如何对待这些人？任正非认为千万不能因为“人情”而对此视而不见，如果任由其发展，对华为的影响是具有毁灭性的。华为提出了根据不同员工的特点培养其不同的执行力：对那些有能力的员工，公司要不断寻找他们身上的闪光点加以褒奖，但当遇到他们犯了错误的时候，也绝不姑息纵容，要严厉地批评和惩罚；对那些恃宠而骄的员工，只需要在肯定他们为公司带来利益的基础上，给予他们应得的利益，详细给他们讲明公司的规章制度。同时，在公司里要不断强调一点：制度面前人人平等，任何人都不能凌驾于公司的规章制度之上。

大公司并不是一开始就是大公司，都是从小公司做起的，张瑞敏刚刚接手海尔的时候，海尔只是一个快要倒闭的小电器厂，企业的亏损十分严重，而且里面的员工完全没有工作的积极性。就是这样的一个企业，张瑞敏用了二十年的时间，使其发生了翻天覆地的变化，海尔从一个濒临倒闭的小厂一跃成为世界名牌企业，之后一度跻身于世界 500 强之列。

张瑞敏到底是用了什么样的招数改变了海尔人？张瑞敏说是员工执行力。张瑞敏在接手海尔后就直接颁布了著名的“十三条”，这其中甚至还包括不许在车间大小便，这条规定能让世人想象出曾经海尔人的整体素质水平如何。

因为张瑞敏的“十三条”，使得海尔人的执行力获得了明显提高。可见强调员工的执行力是多么的重要，尤其像海尔和华为这样一个由许多大公司集合起来的集团化企业，更需要制定严格的制度，来约束公司员工的实施行动。

“没有规矩不成方圆”，规矩很多时候就是我们心中的一把尺子，只要你一旦触犯了规矩就必然要受到应有的惩罚。企业中的制度也是如此，它们不是摆着好看的，而是需要员工去遵守和执行的。

综上所述，企业应以铁的纪律、严格的制度要求每一个执行者，因为企业的员工执行力与制度是相互促进的关系。

透明执行力是创造商业神话的必备条件

任正非说：“企业要想成功，就要向军队学习。在规章制度制定出来以后，最重要的还是严格执行。”华为推行的是半军事化的管理制度，在华为取得如此好的效益之时，不禁令人思考，为什么军人可以在商界创造如此多的奇迹？这是因为军人都是具备严格遵守制度、铁的纪律和不折不扣的执行力。

这些同样也适用于华为人。在华为中，透明执行力也是华为人工作的基础。任正非认为没有良好企业文化的公司，是很难长久生存下去的，尤其没有关于执行力的企业文化是非常可怕的。所以，华为在每一个员工的头脑中都植入如履薄冰、如临深渊的危机感，让他们形成与企业共存亡的执行力。

同时，还在强调执行文化基础性作用时，不忽视透明的执行流程机制，这些都有利于使所有华为的员工们“心往一起走，劲往一块使”。举个例子：如果要下达对机床维护保养的指标，那就必须落实到个人，还需要定期检查，才能形成绩效机制。

华为最大的竞争力就是所谓的透明执行力。当企业处在同质化竞争已经水深火热的时代，华为人在没有任何独特和领先的新技术时，会变得像土狼一样去突围，而不是成为待宰的羔羊，这就是华为人的员工执行力。

管理手记

作为企业的管理者，一定要像任正非一样坚持正确的原则，维护公司的纪律，以身作则，透明执行。使企业的制度越来越规范，员工不管做什么事情都不会游离于企业的规章制度之外。正所谓透明执行，才能抑侥幸明褒贬。

风雨兼程，道不同不相为谋

我们大家要一起来想，怎样才能活下去，怎样才能存活得久一些。失败这一天一定会到来，大家要准备迎接，这是我从不动摇的看法，这是历史规律。

——华为总裁任正非

自华为创立至今，依旧没有任何公开的证据表明任正非是一个企业方面的管理专家。在创建华为之前，只能说他是一个优秀的科技工作者。但是我们必须承认，华为在制度优化方面现如今进行得如火如荼。而其关键所在就是任正非对制度的重视。在任正非心里，只要是有利于华为实现"成为世界级领先企业"的光荣与梦想，那么一切改变和改革都是必要和必需的。他绝对不会追问这个理想背后的根源与动机，他只关注是否让华为被理想驱使，并且能够让华为人努力奋斗。

携手与共，风雨同舟

1996 年的华为，也出现了很多民营企业都遇到的难题：随着企业的扩张，人员急剧增多。企业高层和中层、基层的距离越来越远，员工天天琢磨老板想什么，觉得老板在说"鸟语"，越来越难听懂。

当时的华为中，任正非就恰恰如同一只翱翔于高空的鸟，因为非得高，所以视野很开阔。他对事物的观察非常宏观，加上距离地面上的“牛”很远。总之这样或那样的原因就造成了管理者和员工之间的语言不通，缺乏有效的沟通渠道，“鸟”即便发出好的信息也无法准确及时地传递到“牛”那里。同理，“牛”即便有一些好的想法也无法及时准确地为“鸟”所知晓。

这样一来，两者之间无法快速通传，直接导致华为在高速成长的过程中，老板与员工在对企业未来和发展前途的思想上，以及对价值观的理解出现了偏差，最终无法达成共识。

因此，任正非决定设置一个“华为基本法”，其主要目的是想通过提炼和总结华为的成功规律来制定章法，以便让“鸟”和“牛”共同应用。如图 3－7 所示。

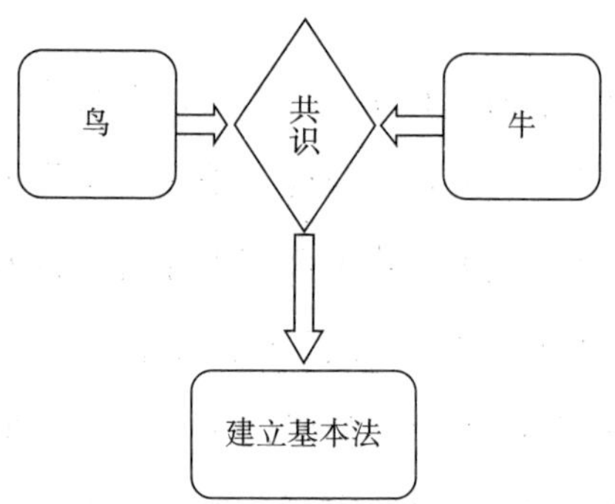

图 3－7　建立基本法便于“鸟”和“牛”共同应用

为公司发展树立旗帜

华为人曾说：“队伍壮大了，总需要一面旗帜，至于是蓝旗、黄旗还是红旗，那就无所谓了。在华为，这面旗帜就是“华为基本法”。“华为基本法”就好像‘最高指示’。”“华为基本法”的出现是应华为发展而生的，是华为向“世界级”目标迈进的起点，同时也是任正非开始追寻利用制度来建设一个"基业长青"企业的原点。

中国人民大学商学院教授、博士、博士后杨杜一再强调，大家不能静态地看待"基本法"，而是需要把"基本法"理解成103个条文，不然就难以领会它的精髓。在"华为基本法"成形的过程当中，其实"基本法"起草的借鉴意义大于最后形成的文本。

在"基本法"初稿完成时，任正非就在华为内部搞了一次"群众运动"，直接动员所有的干部、员工参与讨论，之后还明确提出新的意图，任正非说："通过参与'基本法'讨论，培养一批干部。"

1996年12月26日，在第45期的《华为人》报上，"基本法"第四讨论稿刊登出来了，等到报纸发行之后，任正非就要求所有华为人都带回去读给家人听，让家人提出意见和建议，然后公司统一汇总。之后又经过1997年一年的讨论和修改，此时"基本法"已经改到了第八稿。之后到最终定稿，前后共进行了近十次删改，最终定稿的时间已经到了1998年3月。"华为基本法"从开始筹备到成稿，前后经历了三年的时间。而就在这三年中，经历了华为从1995年的800多人到1998年近2万人的高速发展过程。

任正非多次强调一句话："'华为基本法'真正诞生的那一天，也许是它完成了历史使命之时，因为"华为基本法"已经融入华为人的血脉。"现在，"华为基本法"的很多假设条件已经在华为内部发生了变化，可以说，"华为基本法"现在走到了嬗变和自我超越的发展阶段。

管理手记

正如管理大师彼得·德鲁克曾经提到的那样："所有企业都有其对市场、顾客、竞争等的假设命题，那么在成功以后，组织的内外环境已经发生了变化，而组织如果不能及时调整这些假设，就有可能陷入成功的陷阱。"

没有最好的模式，只有最适合的模式

没有一成不变的成功模式，也没有可以阳光般普照所有中国民营企业的国际化模式，不同的模式有不同的好处，也有不同的风险。

——华为总裁任正非

中国有很多企业都喜欢引进外国先进的企业管理模式。但并不是所有的管理模式都能通用。中国有句古话："橘生淮南则为橘，生于淮北则为枳。"同样的管理模式，也许用在美企和日企中就可能产生有效的作用，但是用在中国的企业中未必会有效，毕竟地域不同，文化和团队的结构也不同，甚至管理者的思维方式也存在着差异。所以，企业在制定管理模式时，不要一味地挑选"最好的模式"，而是要建立起最适合自己的模式，因为只有"最适合"，才能使企业发展得更快更好。如图 3－8 所示。

不同时期用不同的管理模式

华为在刚成立的时候，员工数量不多，当时的部门和生产线也比较单一，所以产品的研发种类也比较集中，组织结构比较简单。在创业初期，华为一直采用的是在中小型企业比较普遍使用的直线式管理结构。这样的直线式管理结构能够高度中央集权，防止出现因权力分散而造成失控的局

图3－8　最适合的模式促使企业发展

面，有效避免了华为的夭折。

随着业务的增长和组织的庞大，华为发展得越来越快，这时就需要改变管理模式，开展组织结构和人力资源机制的改革，确定“以代表处系统部“铁三角”为基础的、轻装及能力综合化的海军陆作战式”作战方针，之后更是进行了权力的重新分配。这一次的改革是从下到上，从一线到后方的权力重铸。虽然华为取得的成绩离不开业务战略的成功转型及终端市场的突破，但居功至伟的是华为内部权力的合理分配和组织运营效率的提升。

世界上没有一成不变的真理，企业的管理模式也是如此，企业的发展是需要不断优化的。随着世界经济大同，东方传统与西方理念开始了正面交锋，在这其中，人治与法治、集权与分权之辩也愈发激烈。任正非说：“没有最好的模式，只有最合适的模式，企业应该根据行业和自己的实际情况，探索和建立最适合自己的模式与道路。”

华为现在要走向规范化、专业化、国际化道路，就要告别旧日老板的“一言堂”，学会合理的分权与授权。随着华为不断地壮大，华为人还要把握好在不同的场合和情况下，具体的方式、方法以及“度”等问题。

华为过去一直奉行的是中央集权，企业发展壮大后，在此基础上进行层层有序的分权。这么多年以来，华为的副总裁虽然林立，但每个副总裁的权限都受到严格的限制，他们之间互成掎角之势，推动华为更快、更好地向前发展。

还能有下一个华为吗

很多人现在都有一个疑问，那就是华为成功了，中国还会有下一个华为吗？任正非说是可以有的。他说："第一，小企业做大，就得专心致志为客户服务。小企业，特别是创业的小企业，就是要认认真真、踏踏实实、真心诚意为客户服务。小企业不要去讲太多方法论，就是要真心诚意地磨好豆腐，豆腐做得好，一定是能卖出去的。只要真心诚意去对客户，改进质量，一定会有机会。不要把管理搞得太复杂。第二，先在一个领域里做好，持之以恒做好一个'螺丝钉'。第三，小公司不能稍微成功就自我膨胀。我始终认为企业要踏踏实实一步一步发展。"

任何企业，想要发展就一定要踏踏实实搞科研。而且要把一个基础理论变成大产业，就需要经历几十年的工夫，企业要具备战略耐性。同时还要尊重科学家，保证企业内部能够有一些人踏踏实实地去做研究。如果学术研究都出现了泡沫化，那么企业有关未来的高科技就很难有前途了。所以，想要成为下一个华为，企业研究中必须要杜绝泡沫化。这样做可能前期的发展非常缓慢，但不要着急，更不要大跃进。因为没有理论的创新是不可能持久的，最终也不可能成功。

任正非说："我们公司在世界资源聚集地建立了二十多个能力中心，没有这些能力中心科学家的理论突破，就没有我们的领先世界。中国必须构建理论突破，创新才有出路。小改、小革，不可能成为大产业。"

从任正非的话中可以看出，理论创新比基础研究要超前，即便是他写的方程也许连神仙都看不懂，但就像爱因斯坦一百年前写的引力场方程，在当时的社会中谁也看不懂，经过许多科学家一百年的共同研究后终于证明其理论是对的。由此可知，在很多前沿理论突破之前，人类都是不能理解的。所以想要企业能够有未来，就需要把理论创新做到非常超前。

毕竟，在现代社会中，高科技发展都是以基础理论为支撑，也就是说有理论创新才能产生大产业，企业只有有了技术创新才能前进。任正非曾经去国外学习，他说："日本一个做螺丝钉的小企业，几十年只研究螺丝钉，它的螺丝钉永远不会松动，全世界的高速铁路大都是用这家公司的螺丝钉。我去过德国小村庄的一个工厂，几十年就做一个产品，打出的介绍图不是说销售了多少，而是占世界份额多少，那可是个村庄企业啊。"

因为任正非的这种坚持，所以华为这么多年来一直坚定不移地持续变革。在全面学习西方公司管理的基础上，创造出最适合自己的模式。他说："我们花了二十八年的时间向西方学习，至今还没有打通全流程，虽然我们和其他一些公司比管理已经很好了，但和爱立信这样的国际公司相比，多了 2 万管理人员，每年多花 40 亿美元的管理费用。所以我们还在不断优化组织和流程，提升内部效率。"

管理手记

想要成为下一个华为，企业研究中必须要杜绝泡沫化和好高骛远，不要觉得别人的模式好就直接拿来用，因为只有最适合自己的才是最有用的。虽然可能所使用的模式会使得企业前期的发展非常缓慢，但请不要着急，更不要大跃进。因为不适合自己的模式最终也不会使企业获得成功。

CHAPTER 4 第四章　人才讲工匠：定义中国“质”造

“工匠精神”是一种修行，更是一种品质，一种价值坚守。中国经济在经过三十多年的发展后，现在正处于摆脱低端竞争格局的阶段，也就是说中国制造正在向中高端迈进，而“工匠精神”正是中国制造现在亟待补上的“精神之钙”。

补“工匠精神”之钙，走向高端

> 中国制造需要补上的，正是这种“工匠精神”的钙。而“工匠精神”落实在生产或制造领域，就是“精益制造”。
>
> ——华为总裁任正非

据媒体数据统计，截至2012年，全球企业已经超过200年历史的，日本最多，有3146家，德国有837家，荷兰有222家，法国有196家。为什么这些“长寿企业”到现在还能存在？最重要的一个原因是他们都在传承着“工匠精神”。

“工匠精神”在中国已经出现在政府工作报告中。李克强总理提出：“鼓励企业开展个性化定制、柔性化生产，培育精益求精的‘工匠精神’，增品种、提品质、创品牌。”

传承“工匠精神”

“工匠精神”，顾名思义是生产和设计者在技艺和流程上要精益求精，日益追求完美和极致，靠着质量和品质赢得行业领先和消费者信赖的精神。对于华为来说，“工匠精神”更多的是体现出了一种踏实专注的气质，类似于切磋、琢磨的钻劲背后，华为人所拥有的“工匠精神”是对品牌和口碑的敬畏之心。

在“工匠精神”方面，德国和日本的企业是最被人称道的。举个例子：在德国，随便一家锅具专卖店里，你如果这样问：“你们德国人造的锅可以用上一百年，因此每卖出一口，实际上也就丢失了一位顾客，以后人家不用找你了。如果造一口锅，它的使用寿命是五年，那么顾客每五年就得再找你一次。仔细想一想，划得来吗？你们为什么要把东西做得那么结实呢？让它的使用期变短一点，你们不是可以赚更多的钱吗？”

德国人的回答会让你目瞪口呆，他们会说：“所有买了我们锅的人都不用再买第二次，这就会有口皆碑，就会招来更多的人来买我们的锅，我们现在忙都忙不过来呢。我们一家厨具厂，是二战后从过去的兵工厂转产过来的，前后也不过几十年时间，就卖出 1 亿多口锅了，你知道这个世界有多少人口吗？快 80 亿了，还有 70 多亿人口的大市场在等着我们呢。”

看，这就是是否拥有“工匠精神”的差别，这也是中国企业现在所必须要学习的地方，任正非认为华为想要在国际上发展起来，就需要华为人拥有这样的“工匠精神”。

德国现在还有很多这样的家族企业，他们会用几十年，甚至是几百年的时间去专注于一项产品，他们的目标就是把这项产品做到最强。华为就是学习了这种精神，二十多年的时间里只专注于做好一件事情。如图 4－1 所示。

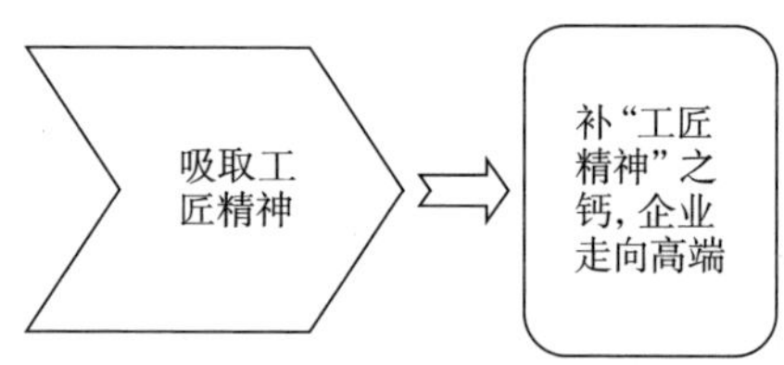

图 4－1　培养“工匠精神”的作用

贯彻“工匠精神”创建了两家世界 500 强公司的日本“经营之圣”稻盛和夫曾说过：“企业家要像匠人那样，手拿放大镜仔细观察产品，用耳朵静听产品的‘哭泣声’。”

用“工匠精神”改造和提升产业

华为从创立至今始终崇尚“工匠精神”，任正非认为坚持“以客户为中心”的核心价值观，再加上华为人努力追求用户的极致体验，就能顺利地将产品打入欧美等全球市场，之后华为才能在国际市场站稳脚跟，经过实践，不断证明华为的这种理念是正确的。在中国制造业中，只有发扬“工匠精神”，才能把一个人的精华血脉注入产品，这样的产品才能经得起市场的考验。

中国制造业现在虽然遍地开花，但质量却一直未能处于高端，这导致中国的很多人会为了区区一个马桶盖跑去日本疯狂购买。在这样的形势下，中国制造业的改造迫在眉睫。而改造提升传统产业当然离不开“工匠精神”。在中国小到制笔、制鞋，大到汽车、电器等，很多产业的规模都是居于世界前列，大家使用的也都是一流的机器设备。即使这样，中国的这些产业却长期处在大而不强的尴尬地步，产品档次在世界上显现出整体不高，自主创新能力偏弱的趋势。追根溯源，是这些企业缺失了“工匠精神”。

中国现在的社会风气有些浮躁，大家一门心思只想着赚快钱，最好能一夜暴富，已经耐不住寂寞和诱惑，缺乏专注精神。这就造成了中国的制造业中很难有人能够沉下心，细细琢磨一个产品，粗制滥造的产品就特别多，精品优品少之又少。久而久之，这样一个局面就出现了：我们很多产品很短命，我们的企业也很短命。

据不完全统计，与欧美企业平均寿命40年、日本企业平均寿命58年相比，中国中小企业的平均寿命仅有2.5年，中国集团企业的平均寿命仅有7~8年，这样的天壤之别让人侧目。

就在这一片浮躁中，工业化4.0来了。随着国内消费需求升级换代，中国制造业的改造是势在必行。如果说以前制造业还可以靠着劳动力优势勉强坚持下去，现在随着时代变化，如果企业还没有“工匠精神”，那中国不仅成不了“制造强国”，甚至很有可能连“制造大国”都会被除名。所以，当务之急，中国需要制造业企业融一丝不苟、精益求精的“工匠精神”于自己的生产和设计的每一个环节中，这样才能实现由“重量”到“重质”的突围，从而促使中国制造赢得明天。

总之，升级的消费需求正在呼唤“工匠精神”。在中国的经济发展中，随着消费者温饱的解决，市场上需要面对的是一群变得越来越“挑剔”的消费者。谁都喜欢物美价廉，但大家更愿意为新技术和高品质体验“买单”。近年来，随着中国游客在海外的“出名”，喜欢抢购国外的一些小家电和化妆品等，从中反映出了消费者在升级和中国制造业品质上存在的短板。

在这种社会背景下，中国的制造业必须懂得善于从细节发现需求，臻于至善地追求品质，发扬“工匠精神”，以此来赢得消费者的青睐。中国制造业，需要一场文化再造，补上“工匠精神”的钙。企业不仅要对员工从职业精神方面进行培养，同时也要在职业教育上对员工进行训练，之后再利用荣誉体系的激励以及文化的土壤对员工进行全方位“工匠精神”的培养。这样多管齐下，才能让中国制造的筋骨变得更强健，中国品牌在世界上才能更响亮。

管理手记

“工匠精神”需要扎根在厚植的土壤中。当前，中国的经济正处在深度结构调整的阶段，这样的调整为那些在品质和创新上有远大追求的市场主体创造了一个极大的发展空间。因此，对于企业来说，形成崇尚“工匠精神”的氛围，需要企业的管理者用“十年树木，百年树人”的战略眼光，持之以恒地给员工进行“工匠精神”的“补钙”。

杜绝“差不多”和“过得去”

把“工匠精神”学到灵魂深处，我们才能把所从事的工作做好，把我们生产的产品做好。让中国制造成为精品的代名词。

——华为总裁任正非

华为在精品和高端领域进一步加大投入，从这方面看华为的壮大不是巧合而是必然现象。

与华为追求精品不同，在中国日常生活和工作中，“差不多”就如同一个魔咒，众多的企业运用甚欢。

很多中国企业的管理者经常性地将“差不多、过得去、慢慢来”挂在嘴边，这其实是一种缺乏精益求精精神的体现。在互联网经济发达的今天，一个企业要想获得持续的竞争力，就必须打破原来这种“差不多”的思想，对待工作要学会用认真仔细的态度，这样才能在整个公司的内部培养出一批精益求精和追求卓越的员工。如图4-2所示。

古语有云：“差之毫厘，失之千里。”运用到企业生产经营中，就是开始时虽然相差很微小，但如果不制止，就会造成很大的错误。

在现有资源的情况下，努力把事情做到最好是现代企业管理者们追求的目标。试想一下，如果没有高标准的追求，沃尔玛的微笑、海尔的擦玻璃，以及华为与远大的制度流程体系获取就无法成就伟大的事业了。

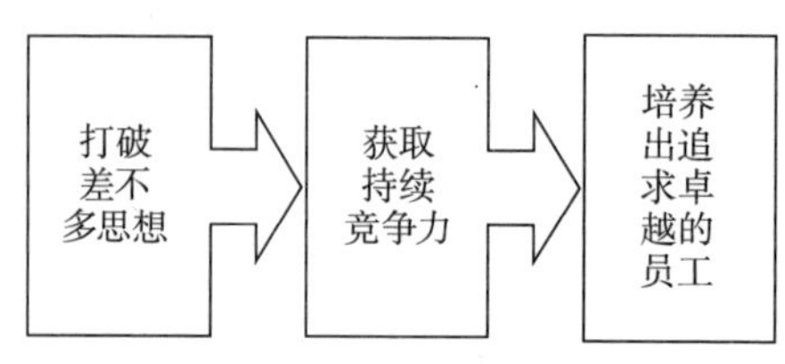

图 4-2　杜绝差不多思想

执着追求品质

在日本神户有一个小工匠——冈野信雄，他三十多年只做了一件事：旧书修复。这在别人看来应该是非常枯燥无味的工作，冈野信雄却做到乐此不疲。最后他用自己的执着做出了奇迹：不管是污损多么严重，或是破烂不堪的旧书，只要经过他的手就如同变魔法一样光复如新。

“工匠”在日语中被称之为 Takumi，从词义上来看，会发现这个词语已经被赋予了更多精神层面的含义。像冈野信雄这样用很多年钻研一件事情，有的人是用一生的时间去钻研和做好一件事，这在日本并不鲜见，在有些行业中甚至还出现了一个家庭十几代人只做一件事。

日本在竹艺、蓝染、金属网编、铁器等许多行业都存在着这样一批对自己的工作有着近乎神经质般追求的匠人。他们在工作中对于自己的作品已经是几近苛刻了。也因此，他们对自己的手艺充满骄傲自豪，这就使得他们对自己的工作从无厌倦并永远追求尽善尽美。如果说有匠人任凭质量不好的产品流通到市面上，日本工匠就（多称“职人”）会将之看成是自己的耻辱，这样的认知与收获多少金钱无关。日本工匠所推崇的“工匠精神”也是当今中国制造业应当推崇的。

在中国还处在大锅饭时期，“差不多”思想尤为盛行。在那个时期，大家在工作中没有竞争，“差不多”就成了人们混日子的借口。随着时间的流逝，“差不多”一直延续至今，成了今天中国大多数人的习惯和观念。

“差不多”是一个态度问题，与一个人的能力无关，只是关乎一个人的品行。

古语有云：“千里长堤，溃于蚁穴。”华为人始终认为“差不多”和“过得去”是自己必须抛弃的理念，只有追求完美才能让自己发展得更好，才能更好地促进企业的发展。

“零缺陷”才是最终目标

任正非说：“什么叫零缺陷？就是一个人的工作态度，要做到每个人都不给下游倒脏水，从上游过来的脏水净化好。”

华为从1987年成立开始就一直流行着坚持的精神，华为人始终挂在嘴边的：“质量好、服务好、运作成本低、优先满足客户”，想要做好质量是一种能力，而建立坚实的质量体系也需要一定的时间和积累。

1997年就加入华为的Mars，在他眼中华为的质量工作是在市场不断扩张的过程中学习和积累的。每当进入到一个新市场的时候，华为都不断逼迫自己完善质量管理方法，在吸收欧美和日韩经验的基础上，不断提高质量管理的层次，因此，华为人对质量的认识在不断深入。

华为人追求“零缺陷”的脚步从未停止过，从1998年在软件开发上学习CMM（软件能力成熟度模型）标准，以此来规范华为人在任何时候都要“把事情做对”“做对的事情”，到1999年专门请IBM公司做顾问开展IPD（集成产品研发流程）咨询项目，促使华为市场部和生产部等部门共同参与产品研发，华为不仅倡导“一次把事情做对”，同时还要求员工要“一次把事情做好”。华为产品研发效率因此获得了大大提升。

Mars回忆说：“那几年华为对质量的要求越来越高，派了很多高层到全球去考察优秀企业如何抓质量。直到2004年前后，华为开始理解什么是大质量管理体系，明确自己的质量方针、质量文化是什么，据此构建一个全员改进的体系。”

“零缺陷”是华为质量管理体系的核心，Mars 说：“华为把在欧洲、美国、日本、韩国拓展市场过程中学到的东西进行综合，再尝试完善自身的质量管理体系。质量意识这时才成为整个华为血液里流淌的核心理念。”因为“零缺陷”已经深入到华为人的骨髓和血液中，每年年初，华为内的所有部门，甚至是所有产品，每一个模块都会建立一个“零缺陷”目标，以此来看出上一年达成了多少，今年要达成多少。华为每半年还要进行评选“零缺陷”模块，通过这样的方式让华为人把这几个模块的工作做到极致。

到了 2008 年前后，华为对质量的理解又进一步，形成了以客户满意为中心的质量改进闭环。

管理手记

华为对“质量”的理解现在已经上升到“用户满意”的用户主观感受上，不再仅仅只是速度快、待机长、更耐用这样的产品客观指标，这不仅是对落脚点在产品本身的质量管理理论的新超越，同时也是华为人始终坚持“工匠精神”的表现。

欲求“工匠精神”，先要拥有“匠心”

欲求“工匠精神”，首先要拥有“匠心”，这是华为不可动摇的执念。世界再嘈杂，匠人的内心，绝对是安静、安定的。

——华为总裁任正非

现在，一个被活力和创新驱动的中国，非常需要天马行空的“创造力”，但同时也迫切需要脚踏实地的“匠心”。在这个充满创业创新机遇的时代，企业真正需要的是一种不投机取巧的拙朴，只有真正创造出经得起挑剔目光检验的产品才能让企业获得发展。如图4-3所示。

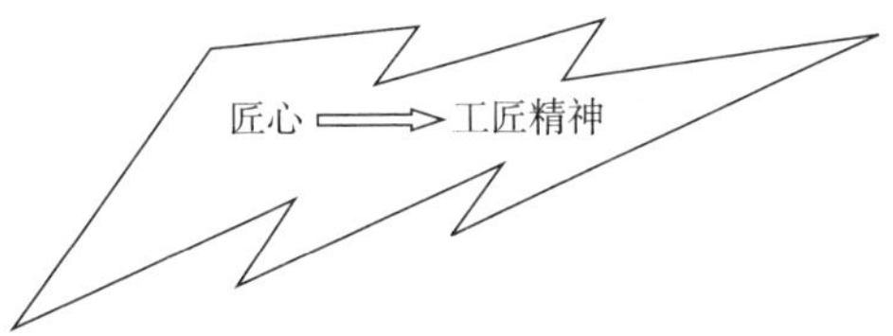

图4-3　匠心成就“工匠精神”

在华为，不仅有着能够为了使芯片缩小0.01 cm2而实验上万小时的射频工程师，同时也有用十年青春换取语音通话像水晶般清透的执着美女工程师，更有精益求精和每一个螺丝钉、每一分贝噪音较劲的风扇工程师……这就是各种类型的华为人共著了华为的匠心篇章，每个人都是华为发展史上必不可少的一分子。他们始终秉持着自己对匠心的理解，在工作中不仅用心聆听，而且诚意为客户服务，保持着持续改进的态度，一步步践行着对客户的承诺。

不随大流不空想

任正非与稻盛和夫（日本世界著名实业家、哲学家）一样是“不随大流”的人。他们不空想，只是努力奋斗在自己的领域里，凭借着自己的匠心打造出属于自己的一片天空。他们知道一切精神、理念、好主意、创意，都必须有一个物质产品的载体，才可能存在。他们知道唯有抱元守一、聚精会神、全力以赴地创造独一无二的产品才是企业发展的唯一生路。他们不注重说法，只重视在打磨产品一刹那的精进。

人靠绝活在这个世界上立身，企业依靠好产品实现高收益。人本身也是个独一无二的绝活，企业都是独一无二的客体。而思想是需要通过产品这个实际的载体表现出来的。企业想要推动世界变革，需要通过极致好产品而不是思想。

华为始终坚持把“以客户为中心”作为衡量一切抉择的最终标准。利比亚战争时期驻利比亚的首席代表夏尊，曾经回忆战争期间，华为团队在背起装备往一线进发去抢修设备的经历时说：“所有华为人只想着业务，业务就跟鸦片一样驱动着我们。”

2016 年 7 月 2 日，在杭州召开了由“东家守艺人”与中国手艺发展中心联合主办的“东家周年庆暨中国手艺发展中心挂牌成立仪式”。其中，中国手艺发展研究中心、东家 APP、华为消费者业务相关机构负责人及多名匠人共同出席并致辞。这次仪式的召开旨在将中国传统文化中的手艺，即传统手工艺传承并推广于世人，以此来致敬“工匠精神”。

在现代化和流程化的商业环境中，很多企业为了满足庞大的供需量，已经很难兼顾“工匠精神”，这对于行业的发展还有消费者来说都是一大损失。因此，唤醒企业人的“匠心”已迫在眉睫，对于企业来说，重产量更应重质量。

作为中国制造企业的代表，华为既然身处通信行业，更注重员工的“匠心”。据媒体报道的资料显示，华为为了能够顺利解决一个在跌落环境下致损概率为三千分之一的质量缺陷，不惜投入数百万元，不断地进行测试，最终找出问题的原因并解决。这样的做法正如华为消费者业务 CEO 余承东所说：“质量是品牌价值和内涵所在，也是企业的自尊和生命”。

这不禁让人想起了 2016 年 3 月，华为凭借着突出的质量表现获得在中国质量领域最高政府性荣誉“中国质量奖”。这个奖项不仅代表着华为对于自身产品质量极致的追求，也代表华为是中国制造业公认的“匠心”。

持之以恒，厚积薄发

市场研究公司 Kantar Worldpanel ComTech（简称“KWC”）数据显示：在 2015 年 12 月至 2016 年 2 月期间，苹果 iPhone 手机开始在中国市场走“下坡路”，其智能手机的销售份额遭遇了两年来的第一次下滑，幅度大约为 3.2%，最终停留在 22.2%。而华为智能手机“异军突起”，在中国城市的智能手机份额占 24.4%。

任正非说：“再不可以忽悠中国消费者了。什么物美价廉，什么让消费者享受低价等，这些东西都是靠不住的。提升产品品质，需要巨大的投入和决心，需要几十年厚积薄发。你一味低价，就没有好产品。而消费者根上需求的是好产品，是高品质的产品。企业满足不了他们的需求，就把他们逼出中国，到日本等国去狂购。”

缺乏实力才会忍辱含垢，只有技不如人才要仰人鼻息。想要不再臣虏自认，唯有国货当自强。所以任正非一直坚持自主研发，他始终把“打造世界一流品牌”当作华为的目标。同时他还将“自强不息”“追求完美”

“持之以恒”的精神刻进灵魂。他说：“任何一个国家、一个民族，都必须把建设自己祖国的信心建立在信任自己的基础上，只有在独立自主的基础上，才会获得平等与尊重。”企业也只有在拥有“匠心”的员工推动下才能创造出真正的中国“制造”。

如今，华为手机不仅取代了长久以来在世界上无与争锋的苹果手机，实至名归地成为中国手机市场第一名，同时在许多其他国家，华为手机的销售额也是气势如虹。

“青锋十年已磨砺，壮士扬眉剑出鞘”，面对美国的制裁，任正非曾豪迈放言：“不要在乎一城一地的得失，我们要的是整个世界。”现在他做到了，从2010年至2016年，华为手机的出货量分别为300万、2000万、3200万、5200万、7500万、1.08亿、1.39亿部；2016年的出货量稳居世界第三。华为手机也越来越有特色，在高端手机市场华为也逐渐有了一席之地。

管理手记

“不畏浮云遮望眼，只缘身在最高层。”企业管理者欲求“工匠精神”，必然要先拥有“匠心”，因为只有胸怀天下才能放眼四海，只有高瞻远瞩方可无往不胜。

用最优秀的人去培养更优秀的人

用什么样的价值观就能塑造什么样的一代青年。蓬生麻中，不扶自直。奋斗，创造价值是一代青年的责任与义务。

——华为总裁任正非

华为奋斗在一线的骨干大多是80后和90后。尤其是在非洲，中东疫情，以及战乱地区，比如阿富汗、也门、叙利亚等，华为派去的都是这些人。任正非说：“80后、90后是有希望的一代。我们在美国招聘的优秀中国留学生，也是全部都要求去非洲，去艰苦地区。”

华为的口号一直都是“先学会管理世界，再学会管理公司。”国家的百年振兴中国梦靠的就是教育，教育是要瞄准未来的。如果未来社会是一个智能社会，就不会是以一般劳动力为中心的社会，没有文化就不能驾驭。如果这个时期内发生资本大规模雇佣“智能机器人”，就会造成严重的两极分化。

西方制造业看到这种情况会重回低成本，随之将产业转移回西方，中国就会造成空心化。而且即使我们实现生产和服务过程的智能化，也是需要高级技师、专家、现代农民等这些人的，对于企业来说，现在最重要的就是要大规模培养人才。

任正非说：“今天的孩子，就是二三十年后冲锋的博士、硕士、专家、技师、技工、现代农民……代表社会为人类去做出贡献。因此，发展技术的唯一出路在教育，也只有教育。所以，我们要更多地关心农村老师与孩子，让老师成为最光荣的职业，成为优秀青年的向往，用最优秀的人去培养更优秀的人。"

大时代要留住优秀人才

企业要想留住促使企业向前发展的优秀的人才，又不至于使企业的固定用人成本过高，需要采取高超的策略来对特定的人才实施适当的"捆绑"。如果说将企业用来"捆绑"人才的策略称之为"绳子"，那么华为显然是极善于使用"绳子"来捆绑优秀人才的企业。进入到华为的人才总是会在不知不觉中心甘情愿地被"捆绑"上。

众企业招聘和保留人才的根本目的，就是为了让人才能够最大化地为企业创造价值。想要拥有更多的优秀人才，就要学会用优秀人才去培养更多的优秀人才。

人类社会的不断发展，都是走在基础科学进步的大道上的。想要发展好基础科学，就需要企业的工作人员耐得住寂寞，冷板凳可能不仅仅要坐十年，可能要忍耐更多的冷漠。

华为现在约有 8 万多名研发人员，每年华为投入到研发中的经费，约 20% ~30% 是用于研究和创新，70% 则是用于产品开发。未来几年，华为还决定每年的研发经费会逐步提升到 100 ~200 亿美元。

这些年随着企业的不断壮大，华为逐步将能力中心建立到战略资源的聚集地区去。华为虽然现在的水平尚停留在工程教学和物理算法等工程科学的创新层面，并没有真正进入到基础理论研究，但华为人认为只要一直坚持下去，随着逐步逼近香农定理和摩尔定律的极限，就能在大流量和低时延的理论中创造未来。

重大创新是无人区的生存法则，如果没有理论突破，没有技术突破，又或如果没有大量的技术积累，华为是不可能产生爆发性创新的。华为需要人才，大量的优秀人才，而人才是需要留住和培养出来的。

不断积累优秀人才

过去，华为属于封闭的人才金字塔结构，现在华为已炸开金字塔塔尖，开放地吸取“宇宙”能量。对于人才，需要用最优秀的人才去培养更优秀的人才，华为人要加强与全世界科学家的对话与合作，同时还支持同方向科学家的研究，积极参加各种国际产业与标准组织，组织各种学术讨论，这样才能从思想的火花中感知企业未来的发展方向，如图4－4所示。企业只有有了这些巨大势能的积累和释放，才能拥有一批更加优秀的人才。

图4－4　优秀人才推动企业未来发展方向

在鼓舞华为人不断地献身科学的同时，还要让其拥有不断的探索能力，让队伍更加成熟。任正非说：“我们要理解歪瓜裂枣，允许黑天鹅在我们的咖啡杯中飞起来。创新本来就有可能成功，也有可能失败。我们也要敢于拥抱颠覆。一颗蛋从外向内打破是煎蛋、从里面打破飞出来的有可能是孔雀。”

企业在培养人才方面，不仅仅要做到以内生为主，同时外引也要做得更强。就像任正非所领导的华为一样：“我们的俄罗斯数学家，他们更乐意做更长期、挑战很大的项目，与我们勤奋的中国人结合起来；日本科学家的精细、法国数学家的浪漫，意大利科学家的忘我工作，英国、比利时科学家领导世界的能力……会使我们胸有成竹地在2020年销售收入超过

1500亿美元。”

管理手记

企业拥有什么样的价值观就能塑造出什么样的员工。正所谓“蓬生麻中，不扶而直。”现代企业要想拥有像华为一样的员工，首先需要树立人才讲工匠的价值观，不断培养出为企业奋斗不止的好员工。

专心致志把“豆腐磨好”

一个人一辈子能做成一件事已经很不简单了。

——华为总裁任正非

2016年3月29日，华为获得了中国质量领域最高政府性荣誉“中国质量奖”。任正非在接受中央电视台《新闻联播》节目采访时说：“中国现在又冒出来很多企业，其实跟华为一样，也是专心致志做一件事的。一个人一辈子能做成一件事已经很不简单了，为什么？中国13亿人民，我们这几个把豆腐磨好，磨成好豆腐，你那几个企业好好去发豆芽，把豆芽做好，我们13亿人每个人做好一件事，拼起来我们就是伟大祖国。”

将质量进行到底

华为多年来一直都像任正非说的那样只做一件事，用心做到最好。为解决某款热销手机生产中出现的一个非常小的缺陷，华为荣耀甚至曾经为此而关停生产线，对其进行重新整改，这次的行为直接影响了数十万台手机。但华为依旧这样做了，原因只是为了“把豆腐做好”。

华为不仅仅在产品生产中提倡“工匠精神”，除了真正追求“零缺陷”外，多年来华为更是为企业构建了一套坚实的大质量体系，一直用制度支撑着“质量优先”的战略，在华为生产线上的各个环节都实现了落地。当华为在成为业界标杆之后，更是保持着每年以20%的改进率去改进华为产品的质量，同时还培养员工追求极致体验的精神，一直都致力于在企业上下形成共同的价值观，在制度和文化两方面努力做到“将质量进行到底”，如图4－5所示。

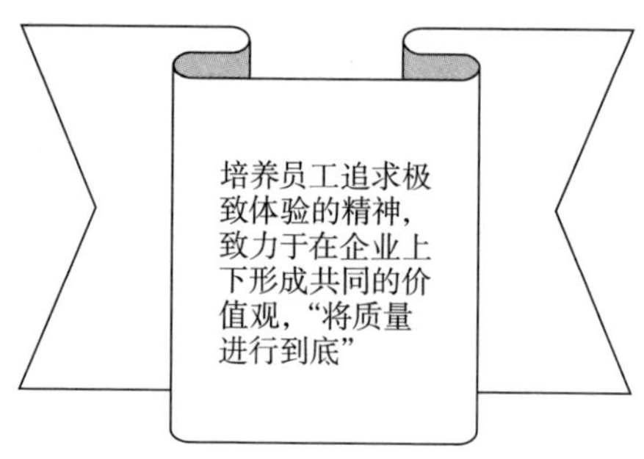

图4－5　将质量进行到底

在华为举办的2015年质量工作汇报会上，任正非说：“华为公司最宝贵的是‘无生命的管理体系’，以规则、制度的确定性来应对不确定性。”他的话表明华为现在最重要的基础是质量，而且是从以产品和工程为中心的质量管理，一直扩展到涵盖华为公司各个方面的大质量管理体系。

据了解，华为荣耀（荣耀是华为专门分离出来搞互联网模式的子品牌，主要通过网络渠道销售）的每一款产品在上市之前都需要经历严苛的环保测试、强度测试、性能测试和最极端的环境挑战。再加上华为拥有着在业界首屈一指的可靠性检测及产品认证准入实验室，所以华为的产品品质得到了保障。

举个例子，华为荣耀手机上按键测试从原来的20万次提高到现在的100万次。这是按照用户如果每天打开手机150次计算的情况下，按键至少能够保证用户正常使用18年；再比如对手机进行的冒烟测试，就是对基本功能进行验证，这还包括24小时全天候无人值守全自动升级和测试。

据悉，荣耀4A在从研发开始到正式发布期间，需要进行长达数个月的不间断测试，其测试时长甚至超过1000多个小时，以保证所有的冒烟测试必须100%通过。其实这些测试在中国市场上还没有正式投放，华为走在了很多企业的前列。

又如，华为荣耀手机会测试在温度快速变化下的手机状态，具体做法是：将开机状态的荣耀手机，放到零下－20℃～55℃的骤冷骤热循环中，确保其仍然能安然无恙。

华为荣耀要求自己生产的手机必须在经历如此严苛的测试之后，依然可以毫发无损地接打电话和玩游戏等，这样才能进入生产环节。华为荣耀总裁赵明说：“荣耀在质量方面有自己严格的把控机制，当发现有某个生产工艺存在小小的缺陷时，我们将会停止一切生产，重新调整生产线。”

杜绝成为“豆腐渣”

企业产品的销售额是为了实现利润所需要的，但这绝不是企业奋斗的目标。

任正非说：“我们只要手机做到高质量，又适配了全球一部分人的需求，就奋力在网上销售就行了。我们与京东、阿里是不一样的，我们能控制交易质量，而且有一把知识产权大伞罩着全球市场。如果仅仅是一个交易平台是有一定风险的。大家一定要相信汽车首先必须是汽车，金融首先必须是金融，豆腐首先必须是豆腐……别的不能取代汽车，如果能取代，那就是阿拉伯飞毯。”

因此，华为公司要求华为人具有马拉松精神，这样才能让华为在互联网时代（所谓互联网时代，主要指的是信息促进人类社会进步，促进实业和服务的进步，而不单单只指网络商本身）能够始终坚持慢慢跑，持续盈利。

现在中国有几百家做手机的小厂家，他们把手机的价格定得非常低，想以此打压大企业。想法当然是好的，但是按照这个做法，往往最后垮掉的是自己。简单地说，如果你自己做豆腐渣，那么整个公司都会被你拖垮。华为正好与之相反，专心致志想把“豆腐磨好”。任正非说：“我们赚的超额利润怎么办？投入未来的科学研究，构建未来十年、二十年的理论基础。公司要从工程师创新走向科学家与工程师一同创新。我们已经浩浩荡荡地走在大路上了，全世界有哪家公司敢像我们这样涨工资，还有谁有我们这么潇洒？”

纵观现在中国的手机市场，很多企业都是由于过分追求性价比，为了能够节省成本，不惜代价降低产品品质，甚至很不负责任地推出所谓高配但低体验的产品。这些都是华为人非常反感的行为。

华为荣耀总裁赵明说：“从中国制造到中国创造，从企业战略到国家层面都是坚持质量、创新。高研发的投入同时可以让企业有自己的产品，不用依赖于购买或专利授权，知识产权可以赢得竞争力。”

虽然选择自研和选择高品质对一个企业来说是选择了一条更加艰难的发展路线，但华为荣耀愿意做这样的“笨鸟”，通过自身的坚持为自己构建腾飞的翅膀。

管理手记

2016 年智能手机市场的销量整体呈下滑趋势，华为荣耀在硬件配置同质化情况下，依旧坚持着把“豆腐磨好”的“工匠精神”。企业要想在劣势时依旧取得好成绩，就需要始终专心致志地把自己的“豆腐磨好”，只要你的豆腐磨得好，就不愁没有销路。

制心一处，头拱地拿出绝活

企者不立，跨者不行。回到地头，制心一处，头拱地拿出绝活，方得始终。

——华为总裁任正非

俗话说：“头拱地没有过不去的火焰山”。任正非对这句话非常认可，他认为华为人应该做到不管任何时候都迎难而上，体验什么都不如体验困境，置之死地方能后生。只有当我们头拱地解决别人解决不了的问题，做别人做不了的事情时，我们才能练就属于自己的绝活。正所谓真金不怕火炼，这样的成就会成为华为发展的坚实后盾。

练就自己的绝活

任正非在讲话中说：“只要说到‘工匠精神’，就不得不提日本一家只有 45 个人的小公司。这家公司是哈德洛克（Hard Lock）工业株式会社，他们生产的螺母号称“永不松动”。现在，即便是全世界很多科技水平非常发达的国家都要向这家小公司订购小小的螺母。”

明明只是一个小小的螺母，为什么这家公司会做的这么成功？螺母松动是我们平常见到的很普通的事情，可对于一些重要项目来说，螺母是否松动几乎人命关天。比如螺母松动发生在高速行驶的列车上，那么满载乘客的列车就会出现解体的危险。

这家公司的创立还有着一段故事：日本哈德洛克工业的创始人若林克彦，还是公司小职员时，在参加大阪举行的国际工业产品展会上，看到一种防回旋的螺母，他就作为样品带了一些回去研究，发现这种螺母是用不锈钢钢丝做卡子来防止松动的，虽然其结构复杂而且价格又高，但是其能保证绝不会松动。

这个时候，一个念头出现在他的脑海中：到底该怎样才能做出永远不会松动的螺母呢？这一夜若林克彦失眠了。很多想法出现在他脑海中，他想到了在螺母中增加榫头的办法。激动的他也不睡了，想到就干，第二天他就去做实验了，结果非常成功，他终于做出了永远不会松动的螺母。

虽然哈德洛克的螺母永不松动，其结构比市面上其他同类螺母复杂得多，所以成本也就高了很多，这使得其销售价格要比其他螺母高了30%，在没认识到该螺母的作用前，它是不被客户认可的。若林克彦这个人就是认死理，他一直都不放弃。即便是在公司没有销售额的时候，他仍然不改变主意，甚至去做其他工作来维持公司的运转。

就在若林克彦苦苦坚持时，日本也有许多铁路公司在苦苦寻觅不容易松动的螺丝。有一家铁路公司发现了若林克彦的哈德洛克螺母，迅速与之展开合作，随后不久，更多的甚至包括日本最大的铁路公司JR也采用了哈德洛克螺母，并且把这种螺母全面用于日本新干线上。就这样，若林克彦终于坚持了下来，为了走到这一步，若林克彦整整花了二十年的时间。

他的坚持终获回报。如今，哈德洛克螺母不仅在日本，甚至在全世界都得到广泛应用。据不完全统计，迄今为止，哈德洛克螺母已被英国、中国、澳大利亚、波兰、韩国等国家的铁路所采用。

对于自己专心致志做好的螺母，若林克彦非常自信，甚至在哈德洛克的网页上有着非常自负的一笔注脚："本公司常年积累的独特技术和诀窍，对不同的尺寸和材质有不同的对应偏芯量，这是哈德洛克螺母无法被模仿的关键所在。”这段话也明确告诉模仿者们，虽然小小的螺母很不起眼，甚至其物理结构也很容易能够被解剖出来，但即使把图纸给你，它所需要的加工技术和各种参数配合你靠着普通的工人也是无法实现的。因为只有真正的专家级工匠才能做到，若林克彦是真正地拿出了绝活，这一点任正非非常佩服。如图 4－6 所示。

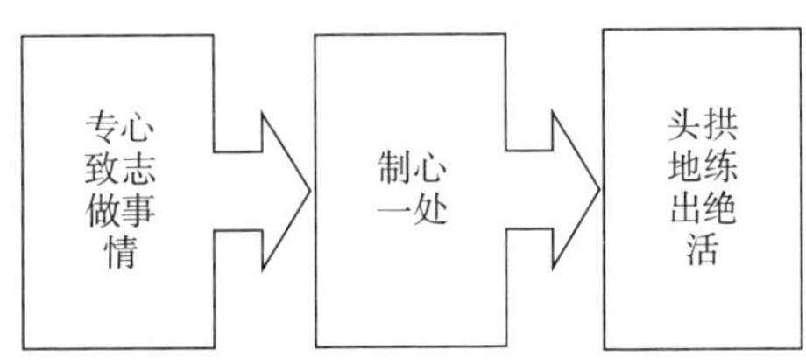

图 4－6　制心一处，头拱地练出绝活

挑选好的合作伙伴

华为的轮值 CEO 郭平在 2015 年 11 月召开的第九届华为核心合作伙伴大会上说：“我们不关注供应商来自哪个国家，但必须达到我们的质量标准。高质量可以获得更多份额，华为要成为 ICT 业界高质量的代名词，需要和供应商一起扛起这杆大旗。”由此可见，华为在选择方面更愿意选择那些能与华为深化协同，甚至是将优质资源投入华为的合作伙伴。

华为永远会选择业界最优的合作伙伴来提供极致的用户体验。在 2016 年 1 月份举行的美国电子消费展上，华为推出的 Mate 9 成为首款搭载亚马逊智能语音交互系统 Alexa 的智能手机。

2016 年，华为完成了 1780 亿元人民币的销售收入，规模同比增长 42%，手机发货量甚至达到了 1.39 亿部之多。

对此，为消费者 BG CEO、华为终端公司董事长余承东表示：华为的研发投入每年都在增长，2017 年预计超过 100 亿美元，按照这个增长速度，华为总会达到第一。在 2016 年全球研发投入排名前十的企业中，华为名列第九，约 92 亿美元，已超过苹果、思科等巨头。

华为发展得如此迅速是因为华为在做产品的时候总是尽力做到极致。华为的消费者业务手机质量与运营部部长马兵举例说："手机摄像头中用到一个对焦马达，马达固定时要用到一种胶水，胶水的质量最终会影响手机在拍摄时的对焦灵敏性和速度。如果想要给消费者带来极致的使用体验，我们除了要管理好摄像头的供应商，同时还要管理好马达和胶水的供应商，只有这样我们才能够给消费者提供高质量的终端产品。"

在奉行"优质优价"策略的同时，华为将其质量管理体系渗透到供应商的体系中。也曾有用户向余承东反馈过华为的某款手机充电线特别容易发生断裂的现象，华为人立刻进行了调查，原来是因为华为的某家供应商为了能够降低成本，就减少了某些微量成分的使用。这次事件使华为在后来开发和采购一些先进的检测设备来"拦截"单个器件，甚至是单个模块上的潜在不良产品，终于杜绝了各种隐患的存在。

任正非说："现代制造业更需要'工匠精神'，才能在长期竞争中获得成功。"为此，华为建立了全面领先的管理体系，从供应商的体系、流程和产品等方面对供应商进行了一系列的筛选和认证，同时还加强了对合格供应商的表现进行持续的监控和定期评价，以此来遴选优秀的供应商。

除此之外，华为还针对供应链在终端生产的过程中建立了多个控制点，主要是用来收集产品质量表现信息，之后进行统计和分析，再根据这些数据建立 KPI 指标，监控研发、物料、生产、客户等各个环节，通过分析绩效的表现，识别出需要改进的机会。

对于制心一处，任正非感叹："时代在变，这个时代企业只有把产品做到极致，才能赢得行业领先和消费者信赖。仅仅是'过得去'的产品是远远不够的，中国制造要‘走出去’归根结底还是要靠过硬的品质。”

管理手记

在面对经济“寒冬”时，制造企业更需要的是专注和专业，是精益求精的“工匠精神”。现在制造企业最需要做的是放下功利心和投机心，制心一处，专心把产品做好。

“粉末齿轮”的本质就是精益求精

> 很多人认为工匠是一种机械重复的工作者，但其实，“工匠”意味深远，代表着一个时代的气质，与坚定、踏实、精益求精相连。
>
> ——华为总裁任正非

“工匠精神”的核心是：不再把工作当作赚钱的工具，对于工匠来说，更多的是树立起对工作执着、对所做的事情和生产的产品精益求精的精神。

1998年，日本的树研工业股份公司生产出了世界第一的十万分之一克齿轮，整整消耗了他们6年的时间来完成这种齿轮的量产。2002年，树研工业又批量生产出了重量为百万分之一克的超小齿轮。据说，这种超小齿轮是世界上最小最轻的，它是有5个小齿、直径0.147毫米、宽0.08毫米的齿轮，也因为超小而被昵称为“粉末齿轮”。

目前来看，这种粉末齿轮在任何行业好像都完全没有什么使用的机会，正所谓“英雄无用武之地”。有人不解树研工业为什么要开发出这种没有实际用途的产品而投入2亿日元和6年时间呢？简单地说，这其实就是树研工业对产品质量追求完美的极致精神，他们认为既然研究一个领域，就一定要做到极致。与普通人工作标准“差不多就得了”的要求相比，匠人在工作的时候可谓是精益求精。有时候甚至会为了把99%提高到99.99%，不惜花费大量的时间和精力。如图4－7所示。

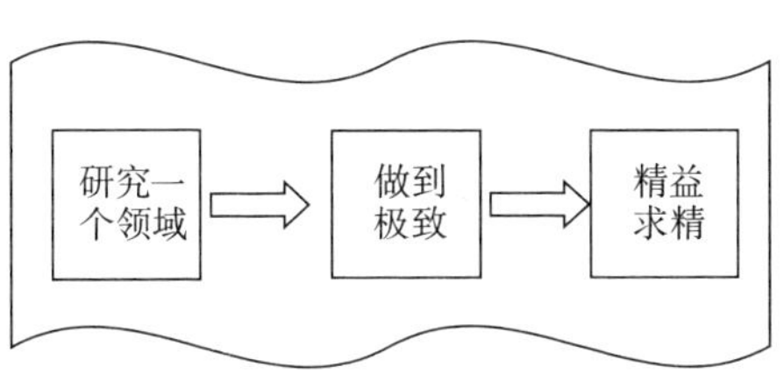

图4－7 研究一个领域就要精益求精

坚持走精品路线

华为人坚持走精品路线，始终把产品质量放在首位，甚至对华为所生产的产品中的每一个模具、每一道工序、每一款设计、每一个零件、每一个细节都要求精心打磨和专心雕琢。华为人认为只有对质量的精益求精和对制造的一丝不苟，才是他们眼中对完美的孜孜追求，除此之外，再无其他。华为人正是凭借着这种“工匠精神”，使得华为手机在短短几年之内得以誉满天下，畅销全球，最终跻身全球手机行业前三强。

2016年4月，华为的全球首款配置徕卡镜头的双摄像头手机华为P9在伦敦发布了。拿到P9的一位用户在微博上这样说：“华为P9能把两个摄像头做到没有凸起而且流畅、美观，难度非常大，绝大多数公司难以实现。”

很多普通消费者到现在也很难意识到，这款由好莱坞明星斯嘉丽·约翰逊和“超人”扮演者亨利·卡维尔代言的手机，其中涉及了800多个元器件和上千种一级原料，仅仅一个高端摄像头上需要胶水点胶的点就涉及40多个元器件，供应商涉及上百家。

20多年来，华为积极推进质量优先战略落地，始终坚持精品战略，汇聚全球智慧，不断为消费者提供更好的产品。华为推出的产品在国际舞台上屡获大奖，2017 年德国 iF 设计大奖评选中，华为 Mate 9 Pro、华为 MediaPad M3 等系列产品一举斩获五项大奖，显示出出众的工业设计实力。而在 MWC2017 展上，新发布的华为 P10 囊括了“2017 MWC 顶尖选择”“杰克逊波洛克奖”“MWC 2017 最佳产品”等 28 项大奖。

为了确保产品的品质，华为人在每一个环节上都下了大功夫，甚至不惜建立质量管理系统，只为做到精益求精。

主张优质优价

现在对于华为人来说，最大的挑战不仅仅是要做好自己的工作，同时还需要联合整个价值链上所有的供应商一起把好质量的关卡。华为从来都是主张优质优价，拒绝任何形式的低质低价，只要供应商的产品质量好，华为甚至愿意用更高的价格购买它的器件。

任正非说：“什么‘物美价廉’，什么‘让消费者享受低价’等等。这些东西都是靠不住的。提升产品品质，需要巨大的投入和决心，需要几十年厚积薄发。你一味低价，就没有好产品。而消费者根上的需求是好产品，是高品质的产品。企业满足不了他们的需求，就把他们逼出中国，到日本等国去狂购”。

消费者口中的物美价廉，大多数情况是对所需商品的一种期待。而对于生产者来说，要想做到物美价廉，除了必然要投入的有形的物料成本外，还要投入看不见的人力和研发成本，这也就意味着成本的提升。

所以说，如果一家企业要在没有革命性的材料、技术、生产力等的支撑，那么其所生产的产品，物美与价廉就是一对不可调和的矛盾。很多时候，高性价比只是一种传说。

就说我们经常见到的汽车吧，汽车的价格中间的差距非常大，从几千元的老旧二手车到上千万的顶级豪华轿车，其种类之多也往往令人眼花缭乱。一分价钱一分货是汽车的“代言”，几乎每辆汽车从设计到材料、技术、制造工艺、安全性等方面，都有着一个非常明确的价值定位。

汽车报价低，那就意味着在生产过程中，某些方面被牺牲掉了。与之相反的是，高价产品一般是没有明显的短板，甚至还有更高的品牌溢价。汽车如此，其他产品更是如此，都是要遵循这样的规律：价格高的未必质优，但质优产品的价格绝不会最便宜。因此，华为主张优质优价。

管理手记

长久以来，中国企业的寿命没有西方企业那么长，归根结底是由于缺乏对精品的坚持、追求和积累，使得企业的发展之路充满坎坷，员工的个人成长之路也是崎岖异常。在现在资源日渐匮乏的“后成长时代”，企业能够重提“工匠精神”，重塑“工匠精神”，是其生存和发展之道。

以质量立命，以品质代言

华为可以说是引领新时代“工匠精神”的典范，用“工匠精神”定义中国“质”造。

——华为总裁任正非

任正非始终认为品质是产品的脸面，只有精工细作的品质才能树立起企业的品牌。他曾在 2016 年再版的《中国需要工业精神》一书中这样写道：“我曾分析说日本职场人用得最多的一个词是‘本分’，把手头正在做的事做透是应分的，必须的。”

从 1970 年开始，“A－ONE 精密”公司的梅原胜彦始终都在做一个小玩意——弹簧夹头，是自动车床中夹住切削对象使其一边旋转一边切削的部件。这家公司位于东京西郊，2003 年在大阪证券交易所上市，上市时连老板在内仅有 13 个人。就是这样的一家公司，每天的平均订货有 500 件，甚至还拥有 1.3 万家国外客户，它的超硬弹簧夹头在日本市场上的占有率高达 60%。最让人感觉不可思议的是：A－ONE 精密一直保持着不低于 35% 的毛利润，平均毛利润 41.5%。

梅原胜彦的信条是：不做当不了第一的东西。他说：“豪华的总经理办公室根本不会带来多大的利润，呆坐在豪华办公室里的人没有资格当老总。”A－ONE 精密为了表示自己是以质量立命和以品质代言的，他们甚至没有设置成品检验这道流程。按照梅原的理论，只要严格经过每道工序，产出的就是高质量的产品。

有一次，有一批人到 A - ONE 精密公司参观学习，其中有位大企业的领导问：“你们是在哪里做成品检验的呢?”公司人员回答说：“我们根本没时间做这些。”对方觉得被敷衍了，很是执拗地追问道：“不可能，你们肯定是在哪里做了的，希望能让我看看。”结果发现是真的没有。梅原说：“其实我们就是用其他公司两倍以上的时间提高产品品质。”

质量是企业的生命

1993 年加入华为的消费者业务 CEO 余承东，在 7 年后收到了人生中最难以忘怀的一个“奖品”——一块不合格的电路板。在接受中央电视台《焦点访谈》栏目的访问时，余承东讲到这个让自己难忘的故事：华为在创业早期就有着非常严苛的质量要求，在当年还未建立现代质量管理制度的那个年代，任正非就已将产品质量视为企业底线。当时，为了让华为人都有着这样的感知，他将不合格的电路板当“奖品”发给团队成员，从而激发他们对质量不合格的强烈羞耻感。也正是有了这种“工匠精神”的传承，才成就了今天的华为。如图 4 - 8 所示。

2000 年 9 月，华为针对企业很多不合格的废料，在深圳市体育馆召开了研发系统的一场“呆死料”大会。在这次会议上，任正非通过一个“隆重”的仪式，把由于工作不认真、测试不严格，甚至是盲目创新造成的大量废料，再加上研发和工程技术人员奔赴现场“救火”的往返机票成箱成盒地包装成了特殊的奖品，直接发给了相关产品的负责人。

任正非在大会上说：“华为还是一个年轻的公司，尽管充满了活力和激情，但也充塞着幼稚和自傲，我们的管理还不规范。只有不断地自我批判，才能使我们尽快成熟起来。”这次会议后的第二年，华为海外市场销

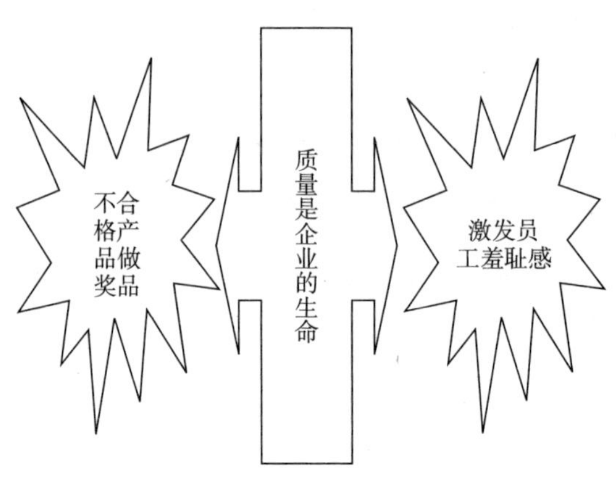

图 4－8　华为工匠精神的传承

售额就首次达到了 1 亿美元。

余承东说："二十八年来，华为一再强调要有战略耐性，要耐得住寂寞，扎扎实实把质量做好。要像长跑一样，坚持在注重质量这条道路上走下去。"他还说："华为一直坚持以'质量为企业的生命'，努力提升产品的质量和服务的质量，赢得了客户的信任，也构筑了华为今天的成功。"

一些数据显示，华为从 1987 年以 2.1 万元资本起家，到了 2015 年其销售额达到 3950 亿元人民币，其中近 60% 来自海外市场，总额更是达到了 2882 亿元。华为的产品已销售到 170 多个国家和地区，毫不夸张地说其服务了全世界三分之一以上的人口。

消费者说好才是好

任正非对华为人的要求是："要把产品、零售、渠道、服务，每一个消费者能体验和感知的要素都做好。"

为此，华为还专门建立了一套完整的流程管理体系，不仅涵盖了从消费者洞察、技术洞察、技术规划和产品规划等方面，同时也包含了技术与产品开发、验证测试、制造交付、上市销售、服务维护等各个环节，甚至还有专门的队伍做持续优化和改进。

Mars 说：“其实我早年也一度怀疑过，在鱼龙混杂的市场，消费者未必能够感受到企业在质量上的巨大付出，而且手机质量再好也会出现问题，照样会在网上被人骂。企业为了保证高质量，就要付出比普通企业更高的成本，这样做值得吗?”但是他在与消费者的一次次接触后，他的疑问就被彻底打消了，他开始坚定地认为在质量上的付出都是值得的。

2015 年，当 Mars 偶遇了一位美国消费者时，他告诉 Mars 自己使用的华为老款手机至少已经 3 年，而且还在澳门被车碾过，但现在依然正常使用。就连在微博上也有粉丝主动告诉 Mars，自己在俄罗斯旅游时他的华为 P8 手机摔得很惨居然还能接着用，这些情况引起了团友们的围观，同时也让 Mars 感受到了质量带来的价值。

华为为了保证用户的声音无损地传递给每一个相关的员工，不惜花费时间和精力自己研发了一个舆情分析系统，用来搜索整理网络、热线等各个渠道关于华为的信息，之后再将问题分类归纳，推送给工程师。而相关部门也会根据用户的关注点，查出华为存在的短板，以便于确定产品改进计划。Mars 说：“这个系统主要是利用大数据挖掘用户的关注点，过去只用在国内，今年计划将搜集对象扩展至全球用户。”

曾在华为欧洲区有过 3 年工作经验的余承东认为，在市场增速放缓和同质化严重等背景下，华为的这种“工匠精神”就意味着利用产品的品牌对客户在质量、体验、服务等方面做出一个长期而持续的承诺。

余承东介绍说：“要把产品、零售、渠道、服务，每一个消费者能体验和感知的要素都做好。华为以用户视角为基础，建立一套独特的标准，将用户体验引入了质量管理流程：在每个阶段对用户体验进行评估，建立了用户体验测试中心，代表用户评价产品，决定产品能否上市。”

管理手记

华为是一家重技术、重产品、重质量的企业，在华为质量即生命的理念下，它的技术最扎实、产品有创意、质量有保障，用品质和服务为华为构建成了一个强大体系。正是这个体系保证了华为一点点在用户心中积累起的品牌形象。

脚踏实地，十年磨一“芯”

脚踏实地做好一件小事；精益求精做好一件产品；真心真意爱着伴侣；简简单单感受每次幸福。

——华为总裁任正非

华为终端公司荣耀事业部总裁赵明曾经在一位朋友的介绍下到一家德国酒馆，品尝了德国著名的猪肘和黑啤。饭后，朋友告诉他，他坐的位子是当初拿破仑坐过的。这句话让赵明感到非常吃惊，这家不起眼的酒馆居然有380年历史！他说：“如果让热衷互联网思维的人来经营，这家酒馆早该通过众筹、上市等方式改头换面了。”

这家小酒馆经历了380年的历史依旧安稳地坐落在城市一角，也是一种成功，因为它坚守住了经营的核心和产品的本质。脚踏实地，这与华为的做法不谋而合。

每年保持20%的改进率

在全球范围内，华为品牌实力在持续上升，在2014年和2015年连续两年上榜Interbrand“Top100”全球最具价值品牌榜、Interbrand“Top100”全球最具价值品牌，分别排名第94位和第88位。2016年的Brand Finance的“全球最具品牌价值百强”中，华为以超过197亿美元的品牌价值排名第47位，成为唯一一家排名前50的中国科技公司。

短短20多年的时间，华为就成为世界通信行业领域领导者，华为成立28年以来，质量文化就是华为最基础、最根本、最核心的企业文化，优先满足客户需求则是华为的企业精神。因此，在面对快速变化和暗流涌动的国内外市场，大质量体系的建立是华为在企业发展转折的关键时期做出的重大战略决策，也是其争夺大数据流量时代的关键。

大质量体系要求华为人：用户第一，以客户为中心；坚持以奋斗者为本的奋斗精神。任正非2015年底曾指出："如果公司从上到下没有建立这种大质量体系，你们所提出的严格要求则是不可靠的城墙，最终都会被推翻。"

对于华为的管理者来说，还包括时刻的自我改进、自我批判精神。正是这样的危机意识和全力以赴，才能领先行业，应对风险和未来趋势。面对质量问题，无论是多么高层的高管，都要尊重这条铁律：华为内部有一票否决制。

华为还设置了一个明确的规定，那就是要做业界标杆和质量标杆。也就是说如果华为产品的质量和业界标杆有差距的话，那么华为人就要快速赶超，每年需要做到的是必须以不低于30%的速度去改进，即使是成为业界标杆之后，华为人也要保持每年以20%的改进率去改进质量。

为构建竞争力，十年磨一"芯"

任正非说："如果不能自己控制芯片，改进产品只能依靠别人。"

随着华为手机的推出，华为的消费者业务开始迅速发展，已经成为华为集团三大业务板块中增长最快的一个。截止到2015年，华为消费者业务收入已经达到了1291亿元人民币，同比增长了73%。而促使华为手机品质提升的"幕后推手"，正是华为在通信行业积累的供应链和研发实力。而且在华为高端手机中P9、Mate8等多款热销的机型使用的是海思麒麟芯片，这个芯片的形成也是华为“工匠精神”的集中体现。

任正非在华为内部重点提倡的理念之一就是“板凳要坐十年冷”，而他对华为人强调的是“工匠精神”中的“专注”。在 iOS 和安卓系统还没有诞生前，华为人就已经基于对智能手机的发展和判断，开始着手研发移动手机芯片，他们希望自己能够通过掌握核心技术，做出更好体验的智能终端，能够为华为构建出移动时代持久的竞争优势。如图 4 –9 所示。

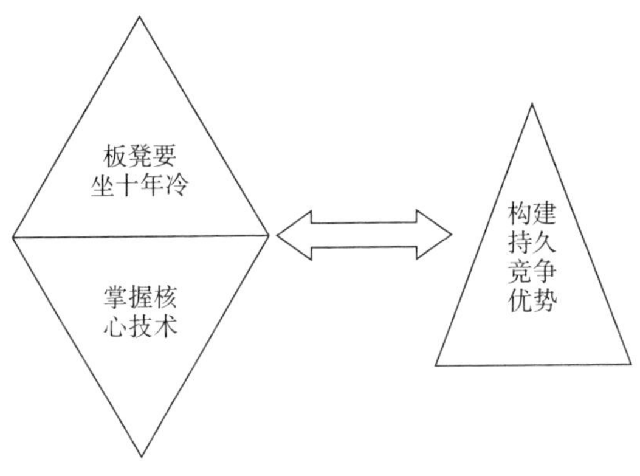

图 4 –9　“快”时代的“慢”坚守

经过十年时间的研究，华为手机芯片研发进行了全球布局。现已经遍布亚洲、欧洲和美洲等 11 个国家和地区，而且还在无线算法、射频技术、图像处理、设计工艺等各个核心技术领域内，强力聚集到一批全球最优秀的人才进行协同创新。华为自主研发的麒麟系列处理器，性能上已经不逊色于高通和三星等国际巨头的同类产品。

Mars 说：“质量是一种能力的体现，芯片则是华为提升产品质量和体验的最核心竞争力。我们自研芯片的一些性能比采购芯片要好，而且我们可以根据用户反馈持续改进安全性能、用户体验等。相反，如果不能自己控制芯片，改进产品只能依靠别人。”

在华为高层看来，芯片创新更像是经历了一场十年“长跑”，成功之后，华为将每年10%以上的销售收入接着投入研究与开发中。目前，在华为17.3万员工中，约占公司总人数45%的员工从事研究与开发。这样的行为促使华为手机在国产手机品牌专利中占了近半壁江山，华为的中国专利持有量高达49822件。

华为长时间和高强度的研发投入不仅保障了华为产品的质量，同时也给华为在全球范围内带来了商业上的成功。在通信设备市场，华为已经成为全球持续领先的信息与通信解决方案供应商，而在智能手机市场，华为手机在全球智能手机中所占的市场份额也是稳居前三，在中国市场内的份额更是持续领先。

管理手记

“板凳要坐十年冷”，如果企业的员工脚踏实地地工作，努力坚持着“工匠精神”的传承，时光终不会亏待，会让企业像华为一样“一飞冲天”。

CHAPTER 5
第五章　作风讲奋斗：戴“金翅膀”飞不起来

对华为来说，不管在任何时候，华为人都只能“艰苦奋斗”，舍此别无出路。华为总在适应变化，也从未停止用“艰苦奋斗”这个基础价值观“改造”和“同化”一代又一代华为人。

华为为什么不上市

我们把利益看得不重，就是为理想和目标而奋斗。守住“上甘岭”是很难的，还有好多牺牲。如果上市，“股东们”看着股市那儿可以赚几十亿元、几百亿元，逼我们横向发展，我们就攻不进“无人区”了。

——华为总裁任正非

在中国的商界，企业成功的一个显著标志就是能在股票交易所公开上市，这也促使了在20世纪90年代末风险投资被引入中国之后，一些公司创立的目标就是为了上市的现象出现。但是华为却并没有随大流，任正非始终认为华为不应该上市。

摩根斯坦利首席经济学家斯蒂芬·罗奇带领投资团队访问华为总部的时候，任正非依旧不为所动，只派了负责研发的常务副总裁费敏接待罗奇，自己没有出现。事后，罗奇曾说：“他拒绝的可是一个3万亿美元的团队。”为什么华为公司不上市？因为上市，就会出现利益相争，戴金的翅膀终会因过重而飞不起来，企业会因此而出现破产的危机。

与奋斗作风相抵触

华为主要是通过利用员工持股这一制度凝聚了大批优秀的知识分子，

从而推动企业的成功。问题出现了：现在很多公开上市公司的股东数量是有限制的，而华为目前持股员工数量已经超过了6万名（华为的员工股东并不是真正意义的股东，而是通过工会持有虚拟受限股，这种安排得到了政府的特许）。显然，如果华为公司上市的话，华为内部就必须进行一次大规模的股东数量消减，这与创始人的理念是背道而驰的。如图5－1所示。

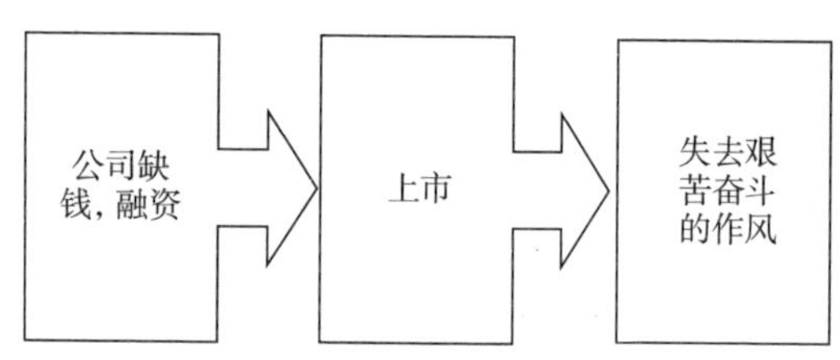

图5－1　华为为什么不上市

企业不一定要上市

现在有很多的企业对于自己上市的目的还都搞不清楚就匆匆上市，导致发展非常不稳定。从管理的角度看，企业上市的本质是为了战略扩张，当企业在战略上有需要或者是想要做大的时候，上市是一个比较好的途径。上市能让企业实现战略上的追求，这也包括要并购或者扩大产能，但并不是很多人理解的可以圈钱。

但是如果一个企业，像华为这样的，自身就拥有充沛的现金流，上市就没有必要性了。在一个充分自由的、毛利率高的领域里，只要有公司就肯定会有竞争，而有竞争就意味着公司不进则退，所以一定要加快步伐，不能被竞争对手赶超，其中资本运作就是一个很大的助推器。如果能够利用好投资方，就能在三五年之内做出一家上市公司，这个诱惑是非常大的。如果没有投资，公司就会缺乏快速扩张的资金。但投资方投资也是有条件的，那就是公司上市。

2010年中国出现过一个互联网企业上市高潮，有些企业比如优酷和土豆，他们都是竞相才上市的。上市有的时候是由竞争格局决定的，如果你不去竞争就会落后，所谓逆水行舟正是如此，毕竟人在江湖身不由己。

现在有些成功的企业选择不上市，是因为其自身拥有足够的资本支持，就不一定需要通过上市来解决企业内的资金问题。

任正非认为互联网时代的上市，更多像一个财富游戏、一个圈钱游戏。由于现在很多媒体的大肆宣扬和一些错误的公众认知，上市的本质被歪曲了，这也促使很多人把上市当作快速致富的手段，甚至很多时候只关注出现了多少千万富翁。

而任正非作为一名企业家，他是要站在公众利益上来考虑问题的，要考虑到华为内部的员工、客户、合作伙伴等，还需要考虑企业对社会的贡献。当这些因素存在的时候，企业家的胸怀和处理方式就不一样了。对于任正非来说，现在最根本的是把华为做好，为社会创造价值，而不是单纯地依靠上市去增加自己的个人财富和吸引媒体眼球。

管理手记

在华为，由于任正非本人所占的股份比例较少，华为迟迟不上市，究其原因是害怕上市后，因为任正非的个人股份和华为的高层股份都不多，将可能面临被外国公司恶意收购股份而失去决策的权力。

艰苦奋斗是华为的“魂”

小公司不能稍微成功就自我膨胀。我始终认为企业要踏踏实实一步一步发展。

——华为总裁任正非

艰苦奋斗是我们中华民族的优良传统，但时至今日，这种精神已经越来越不被信奉了，大家更多的是想着怎样赚快钱。赚快钱，一直以来不仅是很多人的想法，也是很多企业的想法。但天上不会掉馅饼，很多人总以为别人的行业赚钱轻松，别人的公司来钱快，就好似我们常常羡慕别人的工作一样。现在很多人都羡慕大企业的资源、行业地位、品牌效应等，却不曾想过，他们其实多数都是经过长年的艰苦奋斗得来的。

人心齐，泰山移

1996 年，当时的华为刚开始进入国际市场，与李嘉诚初次合作。但是，华为的工作人员刚去香港调试设备时，就接二连三地出现问题。要知道，在当时那个节骨眼上，如果设备有问题，那华为在港的经营许可证就没有了，想要进军国际市场也要随之延后了。因为这个原因，当时华为的每个员工都感到了可怕的压力，于是大家集思广益，不断地从各个角度分析原因。最后，为了能够加快进度，华为的工作人员顾不得多想，直接买来睡袋在机房打地铺，大伙轮番调试。当然，当地的工作人员也十分用心地给予了支持。

那一年，深圳总部的设计人员都自发放弃了休息时间，齐心协力协助调试。在那段时间，凌晨两三点钟工作人员依旧在忙碌，不停地传递调试信息。华为工作人员这种艰苦奋斗的精神感动了李嘉诚公司的人员，他们也伸来了援助之手，提出了各种建议。正所谓“人心齐，泰山移”，设备问题终于得以解决。

等到顺利通过验收后，华为拿到了电信业务经营权，进驻了香港市场。不仅在香港，在其他地方，华为的工作人员也一直坚持着艰苦奋斗的作风。华为人只用了三年时间就拿下了开发俄罗斯市场的项目，当时的俄罗斯负责人是这样说的：“他们把俄罗斯的每一个地方都跑了一遍，竞争对手吃饭、睡觉、滑雪、与家人团聚的时间，他们都用来攻取阵地。”

时至今日，华为所提倡的艰苦奋斗精神，更多是指思想上的艰苦奋斗。而苦干、硬干、加班加点则是创业初期艰苦奋斗的工作方法。不管在任何时候，艰苦奋斗都是华为的“魂”。

做好长期艰苦奋斗的准备

华为现在的发展势头非常猛，遇到的竞争对手实力也越来越强，竞争也就会变得越来越困难，华为人在思想上要有长期艰苦奋斗的准备。任正非对此这样说：“持续不断地与困难奋斗之后，会是一场迅猛的发展，这种迅猛的发展，会不会使我们的管理断裂？会不会使意满志得的华为人手忙脚乱，不能冷静系统地处理重大问题，从而导致公司的灭亡？事实上摆在我们面前的任务和使命，比以前我们重技术、重销售的时代更加重大而艰难，要全面地建设和管理我们事业的艰难度要远远大于以前的艰难度，这就要求我们干部要更快地成熟起来。”

华为所面对的行业和市场都是全球最开放的和最有竞争力的，而且电信产业的质量和产品管理在全球来说要求也是最高的。

华为从诞生第一天开始就面临着全球竞争，如果没有艰苦奋斗，那么华为就不可能坚持走到今天。如果没有艰苦奋斗，华为也不可能面对世界500强企业，顺利杀出重围。如果华为是处于别的行业，或许还可能有喘息的时间，但是ICT行业绝不会有一刻喘息的时间，所以对于一个“小米加步枪”、一穷二白的团队而言，也许只有精神才是能够真正支撑走远的根本力量。所以这也是华为的行业和市场竞争决定的。

对华为来说，如果不能紧紧抓住机会窗口短短开启的时间，获得规模效益，华为的发展就会因此而变得越来越困难。如图5－2所示。

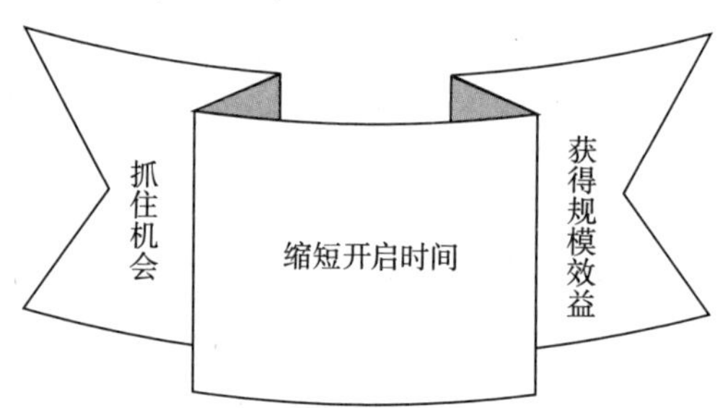

图5－2　抓住机遇就是抓住效益

没有艰苦奋斗的作风，华为不可能走得如此之快。所有高科技背后的核心本质是人，是人的智慧，而这种智慧一定不是表面的思考，是发自内心的奋斗，是死亡边缘的压力，是发自内心的经过长期艰苦最后迸发出来的智慧，这才是华为的成功之道。

管理手记

华为的发展离不开艰苦奋斗，有了艰苦奋斗，华为才有了持续发展的基础。

华为员工必选题：做奋斗者，还是劳动者

> 有人说：我是打工的，我拿这份工资，对得起我自己。我认为这也是好员工，但是他不能当组长，不能当干部，不能管三个人以上的事情，因为他的责任心还不够。
>
> ——华为总裁任正非

对于华为的员工而言，只要进入公司就面临着一个选择题：是做奋斗者还是劳动者？劳动法规定我国的劳动者有着很多的权力，比如年假、婚假、产假等，而像分红、年终奖等则是属于企业内部的规定。华为内部有这样一个不成文的规定：假如你选择奋斗者，那么你要自愿放弃年休假、婚假、产假。如果你选择劳动者则可以享有如上假期，但取消年终奖、股票分红，同时升迁、调薪等均受影响。在华为，大部分员工都默默地接受了这份看似不合理的协议，选择做了奋斗者。如图5－3所示。如果让你来选，你是当奋斗者，还是劳动者呢？你又是出于什么原因做出选择的呢？

让员工自愿成为奋斗者

2010年，被称为中国最神秘的通信制造企业——华为公司，正在掀起一场轰轰烈烈的“奋斗者宣言”活动，只要是华为的员工，都被要求提交一份申请，“自愿”成为“奋斗者”。不提交者，则自动划入普通“劳动

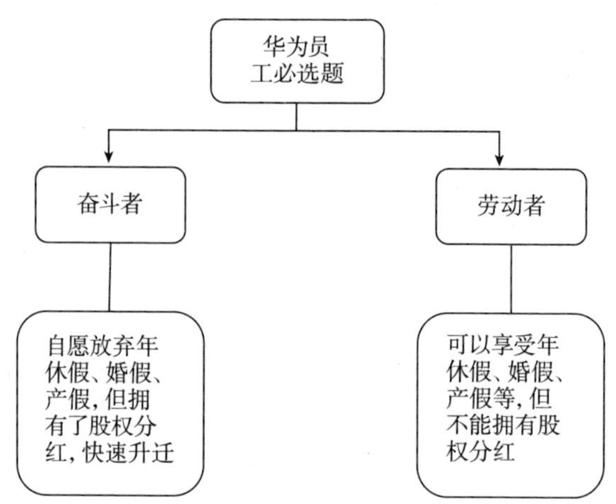

图 5-3　华为员工必选题：做奋斗者还是劳动者

者”之列。

二选一中，员工所要付出的代价有着很大的不同：“奋斗者”要承诺放弃带薪年假，非指令性加班费；而普通“劳动者”则可以享此福利，但他们在考核、晋升、股票分配等方面则“可能会受到影响”。但是这里所说的“受到影响”是何种影响，没人知道。有一点比较明确的是，想要升职、加薪就需要做一名奋斗者。

华为的崛起，被英国《经济学人》杂志称为“外国跨国公司的灾难”。作为成千上万的中国企业之一，华为从成立之后，一直到今天都在走一条典型的中国路径：从价值链的最低端做起，利用价格获得优势，然后奋力向上攀升。

现如今，只要你是中国人，如果你想和外界沟通，那就离不开华为这家公司——打电话，需要程控交换机、动动拇指发发短信离不开电话预付卡和基站服务；想上网，就不能没有路由器……在中国，虽然很多人对华为的认识大多停留在手机上，但其实这些产品大多是由华为生产的。

华为的成功一直是个谜。有人分析说，在现代高科技行业中，由于产业遵循摩尔定律——集成电路芯片上所集成电路的数目，造成了每隔18个月就将翻一番——技术的保鲜期大大缩短。作为后发者的华为能后来居上，其秘诀唯有“比别人付出更多”，也就是让员工都成为奋斗者。

有效甄选奋斗者

在华为，为了能够不让“歪嘴和尚把经念歪”了，华为设置了与奋斗者分享利益的规定。这项规定不是简单地按照条文来区分，而是实事求是地评价员工的贡献，真正让那些干得好的人得到利益。华为据此把公司内的员工划为三种类型：

第一种：普通劳动者

通常而言，这些人只需要按法律相关的报酬条款，保护自身的利益，华为公司也会根据公司的经营情况，给予他们更多的报酬。可以说，这是对普通劳动者的关怀。

第二种．一般奋斗者

华为通常对这种人持理解的态度，想要正常上下班，回家过温馨的生活是人的正常需要。针对此类员工，华为公司通常视情况而定，如果公司恰好有合适的岗位就会给予安排，但是如果没有适合的岗位，他们也可以到社会上去寻求。只要他们输出的贡献大于支付给他们的成本，他们就可以在公司存在。而且公司有的时候也会给予这类人报酬比社会上普遍报酬稍微高一点。

第三种：有成效奋斗者（合伙人）

这类员工是华为最需要的员工，也因此给予他们很高的报酬，他们可以直接分享公司的剩余价值。其方式是奖金与股票。这些人也成为华为公司的中坚力量。

华为公司始终认为：我们现在处在一个竞争很激烈的市场，又没有什么特殊的资源与权利，这个时候如果还不奋斗的话，等待自己的就会是衰落。

华为强调员工要按贡献拿待遇，从来不强调按工龄拿待遇。经常看到调薪的时候有人说“这个人好几年没涨了，要涨一点工资。”为什么？怎么不问问这几年他的劳动质量是否进步了？他的贡献是不是真大了？如果没有，为什么要涨工资？有的岗位的贡献没有变化，那么员工的报酬就不能随工龄而上升。贡献得多才能多拿。

所以，华为公司就给了员工一道必选题：是做奋斗者，还是劳动者？因为只有区分好员工的类型，才能够着重进行培养，为企业争取到最大的利益。华为之所以与奋斗者分享利益，不是简单地按照条文来区分，而是实事求是地评价他的贡献，真实让那些干得好的人得到利益。这也是为什么大多数华为员工义无反顾地选择成为奋斗者的原因。

管理手记

只有员工提高自己的效率，使自己的工作有效性和质量达到一个高标准，企业盈利了，员工的待遇才能获得相应的提高，这就要求员工在工作中成为奋斗者，不断为企业争取利润。

谁能忍受别人忍受不了的痛苦，谁就能走到别人的前面

从来就没有什么救世主，也不靠神仙皇帝；要创造新的生活，全靠我们自己。

——华为总裁任正非

对于企业来说，什么叫奋斗？简单地说，就是能够为客户创造价值的任何微小活动，以及在劳动的准备过程中，能够充实有效地提升自己，这些都是奋斗。

1994 年，对于刚刚加入华为不到两年的李杰来说是一个转折点，当时的他被调任负责营销，在开大会时，任正非问他：“你们两年能跑多少个县?”

李杰拍脑袋回答：“500 个吧！”

任正非说：“那我就按 500 个县定指标，你们去跑。”

会议结束后，李杰就带着 10 多个人，开着公司给自己配备的五六部汽车，开始推广华为刚刚研发出来的局用交换机。从深圳开赴中国各地的县邮电局，计算下来，每个县差不多跑 3 天左右，就这样他们每个人跑了四五十个县，用了仅仅不到两年时间，跑了 500 个县，形成了几尺厚的客户资料。

这大概是全球通信制造史上绝无仅有的事例，华为员工就是靠着忍受

艰苦的能力走到了别人的前面。

忍别人忍不了的痛苦

在2001年智利发生大地震时，作家阿尔贝托·弗戈特曾写下这样一句话："最艰苦的记忆并非地震本身，而是地震之后手机打不通，听不到亲人、朋友声音的那种焦虑。"而正是在这次8.8级的大地震中，33岁的华为员工孙大伟和两位本地员工Perez、Molina克服自己心中的恐惧和焦虑，仅仅只带着柴油、水和食物，就开始在逃离灾区的人群中"逆流而行"，他说当时为了能够响应客户的需求，即便是"心中是对未知的恐惧和不安，就像前面有一个巨大的黑洞在等待着自己……"

但"每一个华为人都会拿出实际行动，让客户认可华为是值得信赖的伙伴……"正是因为有着这样思想的支持，孙大伟他们3人住在墙面裂开、地板翘起的酒店中，用游泳池的水进行洗漱，以面包、白水充饥，一连5天与客户一起抢修站点的设备故障，直到通信线路全面恢复正常……

2003年5月21日，阿尔及利亚发生了6.8级大地震，直接造成了3000多人死亡。当地震一发生后，西方公司的外籍人员便迅速全部撤离，而华为的员工却一直都坚守在本地。直到震后第3天，华为工程部的员工仍然按原计划完成了当地智能网的割接，这样的作为极大地缓解了当地因为地震而造成的通信资源紧张。

除了在地震中保持艰苦奋斗的作风，在接受任务的时候，华为的员工也依旧是能够忍受别人忍受不了的痛苦。2007年8月，为了能够顺利转播奥运圣火的采集，中国移动公司决定在珠穆朗玛峰海拔5200米和6500米处采用华为设备建设移动通信基站，其要求华为公司必须在当年的11月底前开通。华为接受了这一艰巨的任务。珠穆朗玛峰的气候非常恶劣，天气更是变幻莫测，在珠穆朗玛峰海拔5200米处的氧气含量只相当于平原地区的 50%，到 6500 米处大气含氧量相当于平原地区的 38%。

就是在这样极端的环境下，四位华为人和一位司机，秉持着艰苦奋斗的作风，只带着特制的御寒衣物、登山专用鞋、拐杖和充足的干粮，就开始了“世界屋脊”的艰难跋涉。据他们说，当时开始登山之后，他们就出现了各种各样的情况，像“头晕、头痛、嘴唇发肿、起泡溃疡、吃不香睡不着是典型的症状”“同事中有一人连续两天流鼻血”，甚至在海拔 6300 米的营地休息时出现了“恍惚中半夜惊醒，发现头上结的全是冰疙瘩……”

即便如此，他们依旧在坚持着，终于，华为 3002E 基站于 2007 年 11 月 13 日 13 时成功开通。也是从此刻开始，珠穆朗玛峰上的全部登山营地和所有登山路线都实现了移动网络全覆盖，这也使得华为创建了全球海拔最高的无线基站。

很多时候，只有忍别人不能忍受的痛苦，才能促使自己获取更大的成功，也才能为企业铺平向前的大道。如图 5－4 所示。

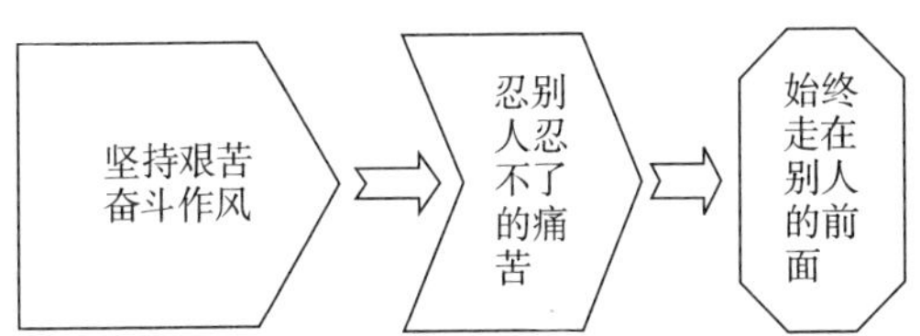

图 5－4　为企业铺平向前的大道

始终走在别人的前面

谁能忍受别人忍受不了的痛苦，谁就能走到别人的前面。1994 年，当华为第一次参加在北京召开的中国国际信息通信展时，当时展台上就挂着这样一句话：“从来就没有什么救世主，也不靠神仙皇帝；要创造新的生活，全靠我们自己。”这句话不仅展现出华为过去和现在的真实写照，也始终激励着华为人。

从1992年开始，华为一直都注重投资GSM，在其上先后投入了16亿元研发经费，才使得华为在1998年就获得了全套设备的入网许可证。但当时中国市场的网络版图已经被摩托罗拉和爱立信等西方公司垄断了，无计可施之下的华为只能在一些边缘地带获得极有限的无线市场份额。就这样打拼了近8年时间，却连在国内的成本都没有收回来。这个时候，华为认为自己只能走向世界了，这是被迫之举，华为就这样开始了并无太大把握的国际化扩张之路。

在世界上，中国是新兴的大市场，世界巨头都云集到了中国，这使华为在创立之初，就遭遇了全球最激烈的竞争，而且还是在自己家门口，华为不得不在市场的夹缝中求生存。而当华为人开始走出国门拓展国际市场时，发现放眼一望，良田沃土也早就被西方公司抢占一空，现在只剩下那些偏远、动乱、自然环境恶劣的地区，西方公司因为投入稍小，再加上动作稍慢，所以还有机会，华为抓住了这一线机会。而这个机会也使无数华为人离别故土，远离亲情，奔赴海外……

虽然华为一直在四面合围的“窄胡同”里左冲右突，奋力前行。即便明知道在没有多少转圜余地的绝境中，也依旧坚持着与对手拼死一决。就是这种能忍受别人忍受不了的痛苦，忍耐到最后，才使得华为人一次又一次获得成功。

管理手记

艰苦奋斗精神是华为从小到大、从弱到强的基础价值观，忍常人不能忍之痛苦，成常人不能成之成功。

不经磨炼的思想就容易钝化

思想不经磨炼，就容易钝化。那种善于动脑筋的人，就越来越聪明。

——华为总裁任正非

在市场经济的浪潮下，企业的成功与失败风险是并存的。在很多人眼里，华为已经获得了巨大的成功，可以轻轻松松按部就班地走下去了。这种想法是非常危险的，对于华为来说，还必须长期坚持艰苦奋斗的作风，否则就会走向消亡。当然，这里所说的奋斗更重要的是保持思想上的艰苦奋斗，时刻保持清醒的头脑，不骄不躁。

强化磨炼的思想

华为内部讲话的资料中提到，华为要求的艰苦奋斗指的是思想上要艰苦奋斗，而不仅仅是像华为创业初期那样，在生活上也艰苦。对于华为的员工来说，现在的要求是思想上艰苦奋斗，因为不经磨炼的思想很容易被钝化。

思想是行动的先导，保证行动最终成功的关键因素就在于最初是否时刻保持思想上的艰苦奋斗。如图 5 – 5 所示。

丰田汽车在美国打败日本企业有一段故事：那是在芝加哥，当时正在

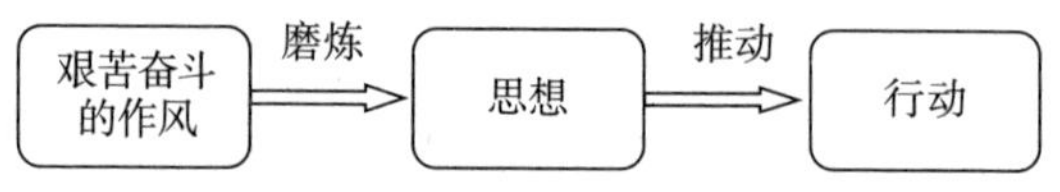

图 5－5　思想是行动的先导

下暴雨，这时候有一辆车在行驶的过程中突然停在十字路口，原来是刮雨器坏了，开不了。焦急万分的司机不知所措，就在这时，雨中突然冲过来一个老人，老人快速把刮雨器修好了。司机非常惊讶，就问他："你是谁?"老人回答："我是丰田公司的退休人员，我看到我们公司的产品在路上遇到这个问题，所以我有责任，尽管我退休了，我也要把它修好。"

这个案例中的老人真正体现出了公司始终以客户为中心，艰苦奋斗的作风，这些也正是任正非要教华为人的。很多时候，想要让公司成长起来，员工需要先成长起来，而员工的成长离不开艰苦奋斗的作风，因为思想是需要不断去经历磨炼的，这样才能保持敏锐。

比别人多干点活，多想一些事

华为在最开始创业时，任正非只是想着公司能活下来，把公司做好。任正非也多次在讲话中提到了创业初期华为人艰苦奋斗的精神，他对那段经历，对那些人抱以深深的感恩之情。因此，他在华为发展壮大之后，就着手改进了管理模式，华为还是需要保持艰苦奋斗的作风，但强调的是思想上的，而不再是身体上的。任正非本人一直都在坚持着艰苦奋斗的作风，早年时候，他还曾在华为内部撰文，要求华为人艰苦奋斗，实事求是，坚持发展的硬道理，不要太在乎外界的评价。

2015 年，华为实现全球营收 3950 亿元人民币，净利润已经达到了 369 亿元人民币，但任正非仍旧称华为只是一株希望长成树苗的小草，而自己只希望在自己的专业领域内只是做一点小小的事情。

任正非说：“除了比别人少喝咖啡，多干点儿活，多想一些，也没有什么特别的长处。”就是这些多想一下，使华为人的思想一直都在经历磨炼而没有轻易钝化，华为艰苦奋斗的作风也始终推动着企业不断向前发展。

管理手记

在华为，每一个人、每一种工作都要有其基本功。员工针对“做实”紧紧抓住不放，磨炼自己的思想。始终把企业的发展放在第一位，做一个踏踏实实的、在本职工作中有些作为的人。

华为没有秘密，就一个字——“傻”

华为没那么伟大，华为的成功也没什么秘密。华为为什么成功，华为就是最典型的阿甘，阿甘就一个字，“傻!”

——华为总裁任正非

任正非领导下的华为始终认准方向就一直朝着目标“傻干”“傻付出”“傻投人”。对于华为选择通信行业，任正非这样说：“虽然这个行业比较窄，而且市场规模也没那么大，同时面对的又是世界级的竞争对手，但既然选择了，我们就没有退路。只有开始聚焦，集中配置资源朝着一个方向前进，选择最为薄弱的环节，像部队攻城一样冲上去，先撕开一个口子，然后大军压境，扫除掉所有的障碍，最终形成不可阻挡的潮流，之后将缺口冲成了大道，最后城就是你的了。”华为没有任何秘密，只有华为人的“傻干”。

华为人的“傻付出”

华为公司能走到今天，依赖的是华为人的“傻付出”。舍得付出，华为才能够从几百万做到今天的近4000亿。华为人一直以来就比别人付出得多，他们靠的是常人难以理解和忍受的长期艰苦奋斗。

华为不是上市公司，所以不受资本市场的约束和绑架，也因此华为人才能够为理想和目标“傻投入”。任正非认为正是因为华为人的“傻付出”才使华为可以拒绝短视和机会主义，只抓战略机遇，直接放弃非战略机会或短期捞钱机会。这是资本和股东做不到的，只有理想主义者可以做到。也就是只有像华为人这样耐得住寂寞，忍受得了艰苦和磨难才能够做到。

几十年来，华为就像一只大乌龟，只知道不停地爬呀爬，全然没看见路两旁的鲜花，也因此没有被所谓互联网“风口”所左右，始终坚定信心走自己的路，回归商业精神的本质。

有人评价说：华为人的“傻”是一种超越一般“聪明”的有智慧的“傻”，是一份难得的坚守、执着和付出。现在有许多企业总是自作“聪明”，总是一味地将客户当“傻瓜”，骨子里似乎就认定了客户是可以被长期忽悠和愚弄的对象。这样的认知最终会让企业被市场和客户抛弃。华为一直都将自己当成“傻子”，不愚弄客户，始终坚信只要自己真心为客户创造价值，客户最终会选择自己。

我们在这儿所说的“傻”，并不是“真傻”，华为的“傻”是基于客户价值的最高生存智慧。华为人的“傻干”是在艰苦奋斗的基础上，以客户为中心的“傻付出”。是基于战略和长远发展的“傻投入”，当然，结果也是美好的，最终华为和员工都得到“傻回报”。而这也被称为是华为的“四傻”。如图 5 –6 所示。

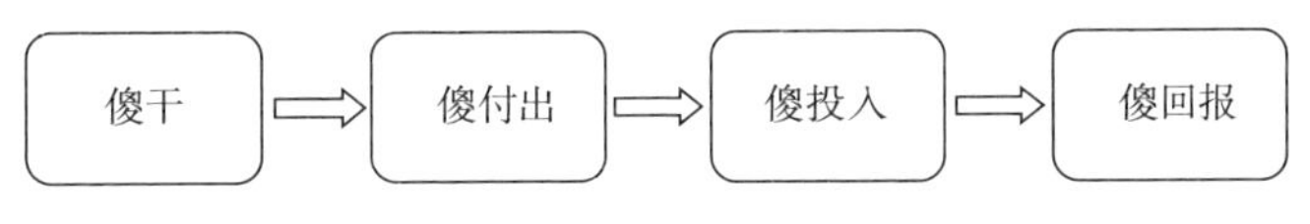

图 5 –6　华为的“四傻”

华为的成功让西方国家的一些学者觉得不可思议。他们经常会问这样一个问题：中国经济为什么能保持三十年高速成长而不衰退？为什么会出现华为这种企业？

华为给出的回答是：中国人在这三十年中比其他国家付出的多得多。当西方国家的员工在周末或节假休闲晒太阳，肆无忌惮地享受生活时，中国的企业家和员工还在工作，正所谓天道酬勤。华为人之所以能够创造出今天的奇迹，更多来自于华为人的奋斗和付出。只要能够做到将这一理念落地并做到位，想不成功都很难，这就是华为“傻”的成功秘密。

华为人不急功近利

任正非说：“华为随便抓一个机会就可以挣几百亿，但如果我们为短期利益所困，就会在非战略机会上耽误时间而丧失战略机遇。”华为的“傻”主要体现为不为短期挣钱机会所左右，用战略眼光聚焦未来，只要看准了，就集中配置资源压强在关键成功要素上。

华为这么多年来都只在做一件事是坚持管道战略，通过管道来整合企业内的业务和产业。对于这点，任正非说：“通信网络管道就是太平洋，是黄河、是长江，企业网是城市自来水管网，终端是水龙头，沿着这个整合的，都是管道，对华为都有用。当然，管道不仅限于电信，管道会像太平洋一样粗，我们可以做到太平洋的流量能级，未来物联网、智能制造、大数据将对管道基础设施带来海量的需求，我们的责任就是提供联结，这是一个巨大的市场。”

华为基本上是没有任何背景的，甚至包括华为这个名字其实也没什么特点，因为当年在深圳的企业中“华”字号很多，像是华强、华发等。在没有任何背景的前提下依旧在高科技领域内不断地打拼，华为靠的就是一个“傻”字，不急功近利，不奢望天上掉馅饼。

靠着这样的信念，在经过多年的实践后，华为人发现靠着自己的艰苦奋斗，使华为公司在创立阶段就真正立于不败之地。在成长阶段的华为公司更是把艰苦奋斗的作风发扬光大，华为公司的成功不是一个人的奋斗故事，而是一个无私的领导层和一大群不服输的团队的故事。

管理手记

任正非说：“如果我们丧失了艰苦奋斗的作风，娇气和傲习蔓延，大公司病爆发出来，我们的战略就很难实现。”因此，华为始终坚持着自己的“傻”字诀。

用乌龟精神追上龙飞船

古时候有个寓言，兔子和乌龟赛跑，兔子因为有先天优势，跑得快，不时在中间喝个下午茶，在草地上小憩一会，结果让乌龟超过去了。

——华为总裁任正非

任正非在2013年华为的年度干部会议上说了这样一段话：“华为就是一只大乌龟，二十五年来，爬呀爬，全然没看见路两旁的鲜花，忘了经历这二十多年来一直在爬坡，许多人都成了富裕的阶层，而我们还在持续艰苦奋斗。爬呀爬……一抬头看见前面矗立着‘龙飞船’，跑着‘特斯拉’那种神一样的乌龟，我们还在笨拙地爬呀爬，能追过他们吗?”

开放式追赶时代潮流

宝马追不追得上特斯拉，曾是华为公司内部争辩的一个问题，当时大多数员工都认为特斯拉这种颠覆式创新会超越宝马，就连任正非也支持宝马不断地改进自己、开放自己，宝马也能学习特斯拉。

为什么华为人都会有这样的认知？是因为汽车有几个要素：驱动、智能驾驶（如电子地图、自动换挡、自动防撞、甚至无人驾驶……）、机械磨损和安全舒适等。宝马虽然前两项没有优势，但后两项却有着非常大的优势，宝马只需要在做前两项的时候不封闭保守，完全是可以追上来的。当然，宝马改革的时候，特斯拉也可以从市场买来后两项。但这对宝马的影响就不大了，如果宝马进行了改革，他们就拥有了自主创新，企业的发展也就追赶上了，即便无法取得巨大的成功，但也不会出现失败的局面。

对于华为人来说，华为就是一个“宝马”，在现在这个瞬息万变，不断涌现颠覆性创新的信息社会中，华为能不能继续生存下来？这始终是压在华为人心口的一块大石头。

任正非说过：“不管你怎么想，这是一个摆在你面前的问题。华为人用了二十多年的时间才建立起这样一个优质的平台，拥有了一定的资源，要知道这些优质资源是靠着多少的钱财和人力一起努力才积累起来的，是华为最为宝贵的财富。当然，有成功就有失败，华为过去也有很多失败的项目和淘汰的产品，也是因为这些浪费，才让华为人走在一起。所以，华为人非常珍惜这些因失败积累起来的成功，也从来不会故步自封，非常敢于打破自己既得的坛坛罐罐，敢于拥抱新事物，所以华为才没有落后于市场潮流。对此，任正非在内部讲话时说：“当发现一个战略机会点，我们可以千军万马压上去，后发式追赶，你们要敢于用投资的方式，而不仅仅是以人力的方式，把资源堆上去，这就是和小公司创新不一样的地方。人是最宝贵因素，不保守，勇于打破目前既得优势，开放式追赶时代潮流的华为人，是我们最宝贵的基础，我们就有可能追上‘特斯拉’。”

聚焦责任导向

想要用乌龟精神追上龙飞船，首先要做的就是聚焦。华为如果不收窄作用面，那么压强就不会大，也就不会有所突破。对此，任正非说：“我估计战略发展委员会对未来几年的盈利能力有信心，想在战略上多投入一点，就提出潇洒走一回，超越美国的主张。但我们只可能在针尖大的领域里领先美国公司，如果扩展到火柴头或小木棒这么大，就绝不可能实现这种超越。”

华为在企业的发展过程中，只允许员工在主航道上发挥主观能动性与创造性，约束大家盲目创新，发散公司的投资与力量。除了主航道，针对非主航道的业务，华为还要求员工认真向成功的公司学习，让华为始终保持合理有效和尽可能简单的管理体系。

虽然我们现在是处在互联网经济的大潮下，网络在很大限度上会把一切约束精神松散掉，但是在华为，依旧有着自己的坚持——一种乌龟精神的激励。正如任正非所说：“我们还会不会是一个主洪流滚滚向前进？大家唱《中国男儿》，别人很震惊，这个时代还有这么多人来唱这种歌？在我们公司，眼前还有几千个核心骨干的团结，从而团结带领了十五万员工。所以我们必然胜利。”如图 5－7 所示。

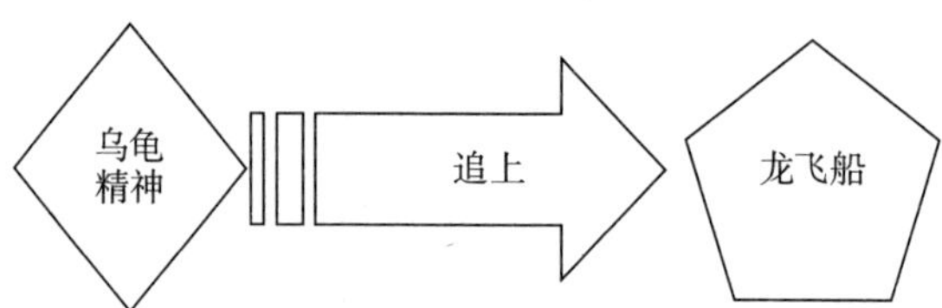

图 5－7　用乌龟精神追上龙飞船

任正非在 1998 年的基层员工价值评价体系项目汇报会上这样说过：“我们要以提高客户满意度为目标，建立以责任结果为导向的价值评价体系，而不再以能力为导向。企业是功利性组织，我们必须拿出让客户满意的商品。因此，整个华为公司的价值评价体系，包括对高中级干部的评价都要倒回来重新描述，一定要实行以责任结果为导向。”

管理手记

时代飞速发展，如若华为人有点成绩就自满自足，只要停留三个月，华为就注定会从历史上被抹掉。所以，任正非要求华为人要有一股持续不懈的奋斗精神，只要持续不懈，像乌龟一样始终不停地往前爬，终能生存得更好。

从泥坑里爬起来的是人才

我认为华为的成功，不是偶然的，华为的成功是“知识分子＋军人能量”聚合的成功。

——华为总裁任正非

2016年，华为在市场上的表现非常强悍和抢眼，一是在中国市场上，华为手机一举超越苹果手机，成为第一。二是华为在美国和中国同时向三星起诉，要求三星停止知识产权侵权行动，并且向华为进行赔偿，华为的这次行为可以说是中国企业第一次向世界级巨无霸主动宣战。也是从此开始，任正非与华为终于挺起胸脯正面开始竞争，不再韬光养晦了。为什么华为的成长如此强劲？很多人都好奇华为人的霸气从何而来？为什么就华为成功了呢？

有学者评价华为的成功其实并不是偶然，华为的成功靠的是“知识分子＋军人能量”的聚合。华为人之所以能成功，依靠的是知识型员工为主体的特别能担当、特别能战斗的华为人，是任正非领导下的始终充满激情和斗志的华为人。如图5－8所示。

华为与知识分子共享和共创

任正非在刚开始创建华为的时候可以说是一无所有，那他是靠什么吸

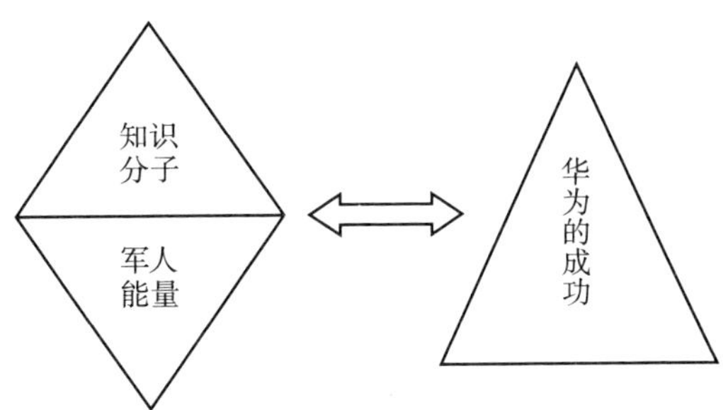

图 5－8　华为的成功靠的是“知识分子＋军人力量”的聚合

引到了一大批知识分子心甘情愿地投身于华为的事业呢？原来任正非不仅有着非凡的人格魅力，而且他还善于给员工描绘未来，不断“画饼”激励员工。任正非从华为创立时就承认和重视知识资本的价值，不断努力构建出一幅与知识分子共创、共享机制的画面，这就使得追求个性化的知识型员工在其领导下抱团为华为打天下。

华为是中国企业中最早开始大量雇佣知识分子的企业。在华为创业伊始，任正非就直接到华中理工大学、清华大学等高校邀请老师带学生去华为参访并寻求技术合作，这一举动使华为招揽到很多人才。华为现在的高管团队中大部分都是 1989—1995 年改革开放后最早的一批名牌大学的硕士、博士，因为他们的加入，奠定了华为成长的人才基础。

人才加入之后需要有一个好的管理模式，任正非采用的是军人管理模式。2015 年 11 月 29 日，任正非为金一南的文章《胜利的刀锋，论军人的灵魂与血性》专门撰写的编者按中写道：“军人的责任就是胜利，牺牲只是一种精神。华为的员工不只是拥有奋斗精神，更要把这种精神，落实到脚踏实地的学习与技能提升上，在实际工作中体现出效率和效益来”。

任何一个企业的文化个性都与其创始人的价值取向和行为风格密切相关，任正非是军人加知识分子出身，华为文化的基因自然带有军人和知识分子的魂和个性。2016 年 1 月 13 日，任正非在市场部大会发言时，其知

识分子 + 军人力量表现得更是淋漓尽致："当前 4K/2K/4G 和企业政府对云服务的需求，使网络及数据中心出现了战略机会，这是我们的重大机会窗，我们要敢于在这个战略机会窗开启的时刻，聚集力量，密集投资，饱和攻击。扑上去，撕开它，纵深发展，横向扩张。"

在任正非的这种管理之下，华为人既有着符合知识分子的个性，又被注入了军人的灵魂与血性，从而提升了华为知识型员工的价值创造战斗力与执行力。

不断奋斗的人才是华为的根本

华为发展至今，没有任何可依赖的外部资源，依靠的仅仅是华为全体员工勤奋努力与持续的艰苦奋斗。在《以奋斗者为本》一书中，任正非写道："历史和现实都告诉我们，全球市场竞争实质上就是和平时期的战争，在激烈的竞争中，任何企业都不可能常胜，行业常常风云变幻，多少世界级公司为了活下去，不得不忍痛裁员，又有多少公司已消失在历史的风雨中。前路茫茫充满变数，公司无法确定自己能否长期存活下去，因此为了存活，不可能容忍懒人，否则就是对奋斗者、贡献者的不公。幸福不会从天而降，只能靠劳动来创造，唯有艰苦奋斗才可能让未来充满希望。除此之外，别无他途。从来就没有什么救世主，也不能靠神仙皇帝，要创造幸福的生活，全靠我们自己。"

华为在经过了二十多年的奋斗和实践后，领悟出了一个道理，那就是从泥坑里爬出来的人才，让华为有了今天的成就。

华为为什么能成功？其实就是一句话：以客户为中心，以奋斗者为本，长期持续的艰苦奋斗。正因为如此，华为人不管在任何时候眼睛都是盯着客户干活，各级主管更是始终以客户为中心，致使华为公司最终走向胜利。

管理手记

华为人始终坚持艰苦奋斗的工作作风，秉承着从泥坑里爬出来的是人才的理念，不断向前发展，并始终走在世界的前列。

CHAPTER 6 第六章　产品讲创新：站在巨人的肩膀上去发展

华为从最开始没有自己的产品和技术，到后来自己开发产品和技术，再到现在能够提供具有国际水准的全线通信产品，拥有一万多项专利，这一过程经历了二十多年的艰苦努力，其中的经验和教训数不胜数。

没有创新的产品是企业的最大危机

我们要有原创创新精神，但原创创新并不等于完全自主创新，自主创新这个提法我不太认同，自主创新是封闭系统思维。

——华为总裁任正非

在中国通信业发展的这几十年中，华为早已取得了全球瞩目的成就。2009 年，华为实现了全年 300 亿美元的销售额，顺利成为全球第二大移动设备商。其在光传输、光接入、移动宽带核心网和移动基站等诸多领域内，仅 2009 年一年的出货量就位居全球首位。华为不仅成为中国通信企业的成功典范，同时在技术创新方面取得的成绩也使它逐渐成长为全球通信行业的引领者。

华为在任正非的领导下，始终认定没有创新的产品是企业最大的危机。在明确“能创新”和“想创新”之后，华为更加坚定不移地在创新方面加大投入，同时坚持以客户需求为导向的技术创新理念，规范内部的创新流程管理。如图 6－1 所示。

华为产品创新带来的收益

随着华为发展得越来越好，华为以市场为导向的创新产品也开始逐渐受到市场认可和欢迎，市场业绩节节攀升，并且出现了快速增长势头：在

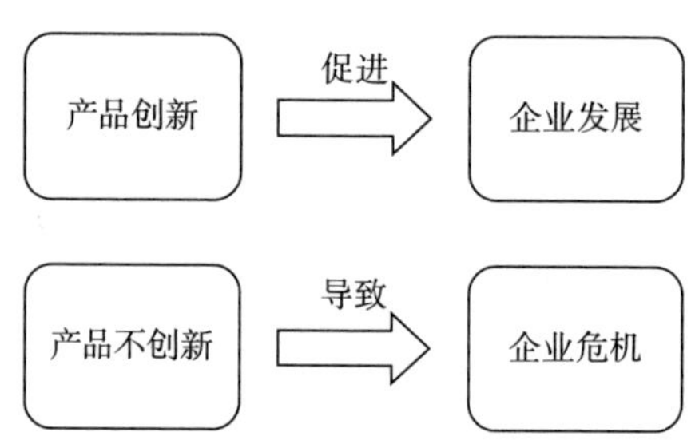

图 6-1　没有创新的产品导致企业危机

2005 年，华为全年销售额为 82.5 亿美元；2006 年，全年销售额为 84.5 亿美元；2007 年华为的全年销售额首破百亿，达 160 亿美元。即便是在 2008 年全球金融危机爆发的大背景下，华为仍势不可挡，全年销售额达 183.3 亿美元，同比增长 42.7%。

2009 年是华为开启辉煌的一年，那一年华为一举创下 300 亿美元的销售收入，直接超过诺西成为全球排名第二的通信企业。这其中华为在无线通信设备领域的全年销售额达到 100 亿美元，无线基站的发货量居全球首位，华为凭此顺利成为全球最大的无线设备供应商。

华为的产品创新为华为带来了超高的收益。以华为整体移动宽带网络解决方案为例，当时，整体移动宽带网络解决方案都是通过“SingleRAN”“高速云”和“连续云”“ipTIME”“IPN（智能分组网络）”等方案，而华为则在直接帮助运营商以最经济的方式保证用户体验的同时，在向未来演进时保护现有的投资。

华为采用了 HSPA+，LTE/SAE，Femtocell 等下一代移动通信技术，这使华为在提升用户体验的同时，大幅度提高了无线的空口使用的效率，降低了每 Bit 的成本。与此同时，华为还通过 IPN 解决方案有效识别了 P2P 流量并对其进行了管理，缓解了“流量的提高与收入的增长不成正比”的状况。

华为最突出的一点是其通过 IPN 解决方案进行了精细化运营，直接对用户实施个性化的运营策略，按照不同 SP/CP 的内容和流量制定不同的分成模式，依据商业智能获得广告的精准目标受众，精确有效地实施了移动广告，这也为用户、SP/CP、移动广告商等价值链上的伙伴们带去了新的价值，为华为开拓出新的收入来源，有力地提升了华为运营商在移动宽带产业价值链中的地位和作用。

华为深谙运营商的需求，凭借推出业界首创的整体移动宽带网络解决方案，直接获得了全球运营商的认可。在中国联通、Telenor、TeliaSonera、比利时电信、Net4Mobility、美国移动等运营商网络上，华为的这个解决方案更是得到了大规模地应用。此外，华为在 LTE 上的技术创新及其市场领先地位，更是标志着其已经成为下一代移动通信技术的领跑者。

重视创新平台建设

任正非说："小公司靠创意，大公司靠平台。"华为多年来一直都非常重视产品创新平台建设。在产品创新上，任正非认为最为关键的一步就是搞好产品平台、技术平台以及研发管理平台。

华为现在拥有成千上万的产品，其都源于一个"母亲"——CC08 数字交换平台。为使每个"家族"（产品线/产品系列）和"儿子"（具体的产品）都能够顺利地继承"母亲"的优良传统，不仅能够从"母亲"那里吸收营养，让其容易尽快地成长起来，而且各"家族"和"儿子"之间还能够做到不相互打架，不相互拆台，相互借鉴、相互帮助，最终相互提高。

华为非常重视产品创新，同时华为也非常重视平台化和重用思想。这就促使华为在组织和流程上直接采用相对集中的产品线模式，而不是很多企业所采用的相对分权的事业部模式。同时华为在产品路标规划和产品开发流程中更加注重平台构造和技术共享，并且建立起中央总体技术部门和产品线的技术管理部门，直接负责产品生产平台的整理、规划和管理。

在研发管理平台的建设方面，华为始终坚持学习西方先进的、成熟的研发管理模式和体系。从 1998 年开始，华为花费了五年时间、数千万美元从 IBM 公司引进并实施了 IPD（集成产品开发）体系，从而为华为的产品注入新的活力，并在此基础上进行创新，最终使华为在较短的时间内就打造出具有国际水准的研发管理平台，大大提高了产品的开发能力。

管理手记

“中国并不缺乏创新的种子，缺乏的往往是创新的土壤。”只有本着实事求是的原则，以市场为基础，以平台为支撑，以动力为保障，培植创新的沃土，才能创新成长。

需求与痛点是创新之本

> 产品发展的路标是客户需求导向，这是我们一切工作的出发点与归宿，这是华为的魂。
>
> ——华为总裁任正非

庄周在一次外出的时候，在干涸的车辙中看到一条鲫鱼在挣扎，鲫鱼哀求他给自己加点水，庄周认为要游说各国来救它。鲫鱼非常生气，痛斥了庄周。因为鲫鱼在这时需要的是直接的救助——水，而庄周则只为它提供“远水”这个极致产品，这个东西再好也不能满足鲫鱼现在的需求，这里就出现了典型的货不对板。

由此可见，企业在产品生产过程中，要多参考市场和客户的需求，不要在做产品宣传的时候将其独特卖点与用户的需求明显背离。需求与痛点才是产品创新之本，反之，即使你的产品能够喧嚣一时，最终也会走向沉寂，甚至沦为笑柄。如图6-2所示。

在现在社会中，如果只是基础的产品和生存早已不能构成人们的需求了，这个时候发展和享受才是，所以，有着这种需求表现的人们需要的是对更有价值的信息依赖、对更高品质的服务依赖和对更加便捷的渠道依赖。

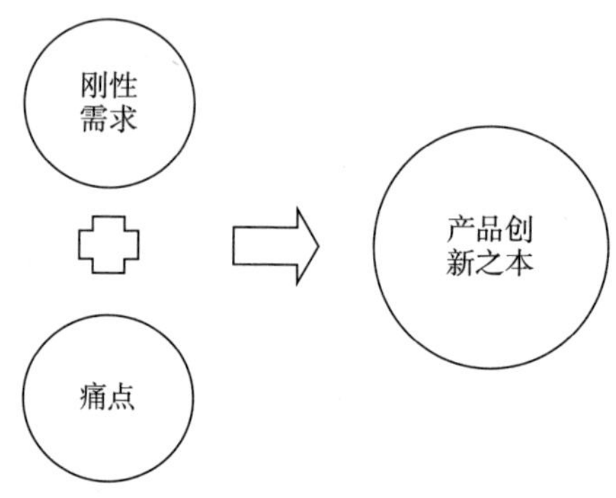

图 6 -2　产品创新之本

华为只推动有价值的创新

如今的华为已经位居全球通信行业的前列，其依靠的就是创新。华为创新的基础理念是，紧紧抓住市场需求、客户需求。在通信行业，曾有着很多的百年巨头，为什么他们最终走向了衰落？究其原因无外乎技术崇拜加资本至上。

华为在创业之初，也曾是一家技术导向型公司。华为初期的十年可以被称作是星光灿烂的十年。也正是因为当时的那些技术英雄，华为才有了初期支撑其“活下去”的重要产品，比如 C&C08 万门程控交换机等，这使华为拥有了进入通信技术行业的“入场券”和在中国市场上参与竞争的“杀手锏”。

技术创新并不是长久之计，对于越来越具体化的客户和市场需求，华为想要进行产品创新，还需要建立在客户的需求与痛点上。

任正非在产品创新方面对曾经主管研发的徐直军说：“你浪费了公司几百亿。”徐直军笑着回应：“我承认浪费了，但又贡献了几千个亿呢。”

任正非由此说：“由于我们过去浪费了一千亿，包括给西方公司交咨询费就接近 300 亿人民币，但我们积累了很多的人才、经验，并用十五年左右的时间打造了一个以客户需求为导向，前端是客户，末端也是客户的端到端的流程。这才从根本上改变了华为技术导向型的公司价值观和研发战略。”

华为的产品创新成果之道是建立在客户需求的基础上。徐直军曾经很自信地说：“过去管3千人研发队伍，我们都觉得要失控了，现在7万多人我们管得好好的，你再给我7万人，我们照样可以管得很好。什么原因？基于端到端这样一个研发流程，使得整个研发建立在理性决策的基础上，建立在市场需求——显性的客户需求与隐性的客户需求之上。失误率降低了很多，成本浪费大大减少，组织对个人的依赖也降低了。”

利用客户的需求与痛点创新产品，再去吸引客户

对于很多企业来说，如何让自己的产品迅速积累用户，甚至黏住用户，与用户连接，这其中最重要的“黏合剂”就是体验。不过用户体验只是第二步，第一步要做的是找到客户的需求和痛点。

曾经有企业做了一个配置很高端的电子捕鼠器，可是在生活中，这些高端配置的需求很少，因为客户只一需要把老鼠抓了放进去，而它的各种智能硬件，虽然看起来豪华大气，却忽略了一个大前提——客户需求。客户说：“我不想买这个不实用的东西。”出现这种情况，说明企业解决的不是痛点，而是伪需求。企业在做产品的时候最大的限制不是体验不好，而是伪需求。

微信之所以能大行其道，就是因为其满足了人们沟通的需求，而且其技术也戳中了痛点。如果单从产品角度来看，聊天和朋友圈分享功能是微信的基础应用，而公众号、微信支付、游戏、购物等一系列的应用都建立在这一基础之上。如果剥离了这一基础，那么即便是再多的痛点应用也无法让客户尖叫。任何企业在试图打造所谓的极致产品时，都一定不要忘了建立基础应用。

出于对技术的迷恋，这个时代的人们大都信奉“痛点营销”，所以大家都期待苹果、小米的下一款产品能让他们继续尖叫，哪怕公司推出的只是个噱头。因此，仅仅满足客户的需求对华为来说是远远不够的，一来，大家容易喜新厌旧；二来，华为希望能够引领需求。如同微信版本不断升级，功能应用不断迭代，华为也会不断地推出更多的创新产品来寻找新的痛点。

对于华为来说，所有的战略最终都要归结于从客户的角度出发，寻找一个需求，同时还必须要保证一定是中等以上的频度。

管理手记

通则不痛，痛则不通，痛点正是改革与创新的着力点。

理智创新，集中力量打歼灭战

即使我们成为行业的领导者，我们也不能独霸天下，若华为像成吉思汗那样独霸天下，最终是要灭亡的。我们立足建立平衡的商业生态，而不是把竞争对手赶尽杀绝，我们努力通过管道服务全球，但不独占市场。

——华为总裁任正非

对于很多公司来说，盲目的产品创新是一种自杀行为。即便是华为这样的大公司，任正非还是会时刻提醒华为的管理团队，一定要把华为的能力削到最尖，才能形成突破。他说："要成为领导者，一定要在主航道、主战场上集中力量打歼灭战。"这一点也适用于产品创新上，盲目创新只会不断消耗企业内的资金和力量，最终导致一事无成，如果能够集中力量打歼灭战，产品创新就能事半功倍。

不管公司是处在创业阶段，还是发展高峰时期，千万不要有一点钱就瞎创新，直至最终猝死。任正非说："我们要将一切管理变革与创新的批准程序变得更透明和复杂一些，使一些不成熟的变革不容易通过，以冷静、谨慎的态度对待变革。当然变革委员会也要民主和坚持原则，不能随意妥协，不经变革委员会批准的管理创新，不允许上网、运行。"如图6－3所示。

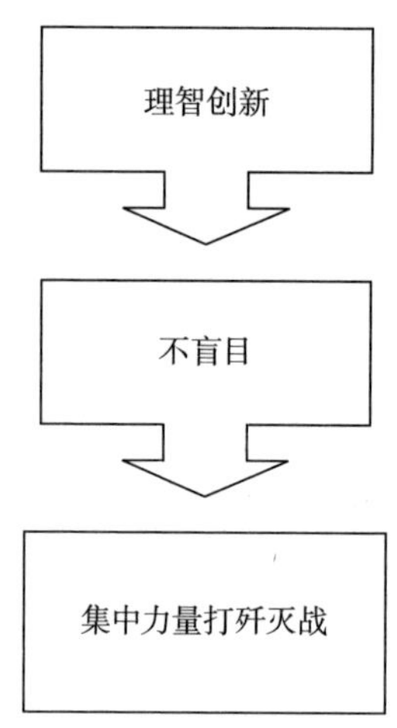

图 6－3　理智创新促使企业集中力量打歼灭战

绝不盲目创新，才能缩小庞大的机关

在进行产品创新的时候，不要把场面铺得过大，而要专注于产品的技术创新，在满足客户需求的基础上，集中所有的力量专攻一个方面，这样取得成功的几率才会变大。

很多企业在产品创新上追求做大做强。尽管公司做大做强对员工和管理者的回报也会丰厚许多，但这并不意味着在产品创新上铺张浪费，盲目创新。否则，企业很容易陷入盲目的为“大”而大的误区，妄想一口吃成大胖子，最终欲速而不达，致使公司做垮。例如秦池酒、爱多电器、顾雏军领导下的科龙等公司，都是因为盲目扩大，导致公司无以为继，或破产、或倒闭、或被收购。

短暂的辉煌只能是一时的快乐，持久的成功才是公司的永恒追求。广东骆驼服饰有限公司创始人万金刚说：“公司应当找到适合自己突破的强势品类，现在电商竞争确实太激烈，中小卖家入局怎么做？我认为没有捷径，关键要找到自身的优势在哪里。产品、供应链、品牌定位、电商运营能力，平台对类目的扶持政策……如果一个优势都没有，就很难赚到钱。最好的切入点在哪里？在于你具不具备从你所在的类目中找到适合自己突破的强势品类。说到底，就是商业眼光的问题。还有就是找准定位，这样你才能找到购买你产品的人群。最后，老板本人一定要懂电商过程中的每个环节，虽然不需要达到会实操的程度，但要能看得懂数据的背后。盈利的秘诀，就藏在这每个环节的细节中。"

公司想要发展得更好，需要找到自己的核心业务，也就是集中力量打产品的歼灭战。在华为，要想保证产品创新顺利实施，就要有一个稳定的组织结构和稳定的流程。

集中力量打歼灭战

华为一直进行的产品创新主要是利用西方技术。华为每年要向西方公司支付 2 亿美元左右的专利费，同时每年还要拿出 1 亿多美元参与研发，并且参与和主导了多个全球行业的标准组织。华为这样做的原因是，他们认为未来 5 ~ 8 年，会爆发一场"专利世界大战"，所以华为必须对此有清醒的战略研判和战略设计。

2001 年，任正非在华为技术安圣电气研发体系干部座谈会上的讲话中说："我们要避免多条战线作战，才能减轻疲于奔命的问题。我们就将重点放在主要客户的方向上，主要客户的方向变了，我们要跟着进行调整。"

所以，华为的投资，华为的人力资源管理，都要根据客户需求和社会需求的正态分布进行配置。华为人认为即便我们在某些领域、某些方面做得比较优秀，也只是冒出了一个小头，要想成为一个真正的世界潮流的领导者，当务之急是必须在主潮流上取得胜利。

任正非曾说过："不赚钱的产品就关闭压缩。我不会投资非战略性的产品，除了你们滚动投入，又能交高利润。我们整个公司只有把战线变得尖尖的，才能形成突破。否则就会把公司的能力拉得平平的，什么城墙都攻不破。我们要成为领导者，一定要加强战略集中度，一定要在主航道、主战场上集中力量打歼灭战，占领高地。”

任正非曾在 2012 年三亚终端战略务虚会上讲话并在主要讨论中这样解说主航道：“世界上每个东西都有正态分布，我们只做正态分布中间那一段，别的不做了，即使那个地方很赚钱我们也不做，也卖不了几个。我们就在主航道、主潮流上走，有流量就有胜利的机会。”华为人就此认定了要学习成功的美国公司，聚焦核心业务，主打歼灭战。

2015 年，任正非在《变革的目的就是要多产粮食和增加土地肥力》中说：“不是我们超越了时代需求，而是我们赶不上，尽管我们已经走在队列的前面，还是不能真正满怀信心地说，我们是可以引领潮流的。但只要我们聚焦力量，就有希望做到不可替代。”

管理手记

客户与市场是创新的源泉，市场导向是创新成败的根本。无论是模仿创新，还是连续创新，又或是颠覆式创新，都要理智，要选择适合自己的产品创新，集中力量打歼灭战。

开放式合作，敢于踏入产品设计“无人区”

> 华为强调开放合作，自己只做最有优势的东西，其他部分开放合作让别人做，不开放就是死亡。
>
> ——华为总裁任正非

华为基于智能架构的整体移动宽带网络解决方案、全套室内覆盖解决方案、绿色移动网络解决方案等业界领先的创新型解决方案和产品受到全球客户的欢迎，成为华为实现市场突破的利器。如图6－4所示。

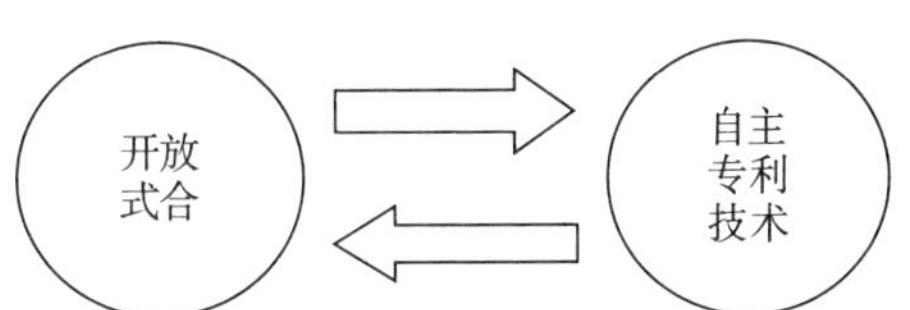

图6－4　开放式合作与自主专利技术相互作用

华为在进行产品研发时，有一个宗旨，那就是不管是与国内还是与国外的合作伙伴开展合作研发，都是站在巨人的肩膀上，通过引进、消化、吸收的方法，对自己的产品进行再创新和集成创新，发展自主的专利技术体系。

华为很重视与国内的大学和科研机构开展合作研究，有时甚至会通过建立联合实验室或是购买技术的方式，为华为获得创新的产品技术。比如：华为的窄带CDMA技术、SDH光网络技术、智能网技术等都得益于与清华大学、北京大学、中科大、北邮、电子科技大学等高校的合作。

正如克里斯·安德森在《长尾理论》中所说："过去，专业者和业余者之间永远存在一条界线，但在未来，将两者分开来谈也许会变得越来越难。"因此，在创新覆盖市场的现代社会中，华为要学会在产品开发过程中让消费者参与进来，有利于公司生产出更适应市场的产品，从而为公司获取更多的盈利。

开放式合作是创新的基石

华为这些年来一直都在讲开放，任正非认为开放和创新是有关系的，所以华为实行的就是开放式创新。2015年，华为公共关系副总裁孔瑜说："最近我们公司也计划拿出十亿美元，来做一个'沃土'计划，目的就是和我们的合作伙伴，包括我们的供应商一起，让他们能够更加适宜。这其中的一部分我们将用于创新基金，通过这个创新基金，向我们的创新合作伙伴提供实物，提供资金，还有技术专家，让他们能够有能力启动起来。第二，我们也提供开发支持，比如测试平台、远程实验室，还有一些开发的平台，让它能够聚焦在业务上，让业务能跑起来。还有一个是华为的认证，让我们的合作伙伴能够提升能力，还有培训。"

任正非曾经有过这样一个比喻："千军万马攻下山头，到达山顶时，发现山腰、山脚全被西方公司的基础专利包围了，怎么办？唯有留下买路钱——交专利费，或者依靠自身的专利储备进行专利互换。"产品创新不要存在侥幸心理，华为的创新原则就是坚持老老实实的乌龟精神，坚决反对投机。

华为也在研发体制上进行了重大创新，那就是与全球诸多大客户，包括沃达丰等运营商建立了28个联合创新中心。这是创举，也让很多华为的竞争对手们争相效仿，不过由于成本等因素的存在，鲜有模仿成功的。正是有了这种创新体制，使得华为在面向未来和面向客户长远需求的研发领域中，赢得了无数先机和众多突破。

当然，有一点很重要：开放性创新能够汇聚创新合力。华为为了能够吸纳国际高级人才，充分利用全球人才与技术资源平台，进一步提高研发水平和能力，专门在美国、印度、瑞典、俄罗斯及中国等地建立起全球性的研发体系。

华为产品平台的背后就是技术平台，尤其是核心技术。所以“华为基本法”中明确指出：“广泛吸收世界电子信息领域的最新研究成果，虚心向国内外优秀企业学习，开放合作、独立自主地发展领先的核心技术体系。”这句话道出了华为在核心技术发展方面的战略思路。

基于开放式的产品设计“无人区”

为什么在全球范围的国有企业很少有成功的创新？任正非说：“华为研发二十年，浪费一千亿，也许有些夸大，但正是这一千亿构筑了华为的软实力，华为的世界级创新实力是构筑在华为无数的学费之上的，在数不清的教训的基础上积累了创新成功的经验。”而中国很多的企业管理者是不敢也不会拿这么多的经费进行产品设计的。华为一位高管这样说：“在华为，所有坐在第一排的人都犯过无数的错误，领导力、创新力是用钱砸出来的……”因为有了这样的“豪赌”，所以华为员工在进行产品设计时才敢于进入“无人区”。

华为芯片研发部门曾经确定目标：一次投片成功。任正非说：“一次投片成功的说法是反动的，这个世界上没有神仙。要知道，每投片一次的成本大约在几百万美元。”

中国的很多企业不允许有这样的错误尝试，也没有敢于鼓励勇于犯错的实验精神。因此，华为形成了产品创新文化的核心特质。与此同时，很多企业也做不到像华为一样给予员工高工资的待遇。

由于研发工作既是核心活动，又是创造性劳动，所以在待遇水平上向研发人员倾斜是华为一直坚持的薪酬政策。华为会根据职位职责和胜任能力定工资，根据业绩定奖金，根据潜力定股权，这些都是华为在报酬机制上的具体做法。

管理手记

任正非要求华为研发部门的人员在研发一个新产品时，要做到着眼于继承以往产品的技术成果，然后对外部进行合作或购买，最后结合自身敢于踏入产品设计的“无人区”。

产品微创新：要创新，但别超过30%

我们追求持续不断、孜孜不倦、一点一滴的改进，促使产品的不断改良。

——华为总裁任正非

华为这些年习惯于将一年营业收入的10%投入研发，时至今日，华为在170个国际标准组织里都是成员，并参与了这些标准的制定。目前来说，华为已经获得的授权有38825个。任正非还要求华为在每年的业绩考核里将“新产品占整个销售额的比重”作为一个重要的考核指标。

创新是要有的，但是绝不能盲目创新。任正非建议在华为内部实行小建议大奖励的方法。研发就算是照抄，抄的同时也要改进一点点才行，哪怕有99%是别人的，只有一点是自己的创新也可以。为什么任正非会说这些？华为的产品创新要拥有可积累的知识和站在前人肩膀上的经验，这样进行的创新才是真正有价值的。

试想一下，如果要全部搞创新，那么就会浪费很多的企业资源，而且也很难取得成绩。当然这个说法有些夸张和绝对了。

到了2007年，任正非这样说：“我们也不全靠自主研发，因为等自主研发出来了，市场机会早就没了，或者对手已经在市场建构了竞争优势。现在应该是70%来自于成熟技术，或者可以直接在市场上购买，再新开发

30%。”任正非是一个非常精明的实用主义者和现实主义者。他始终认为：华为是一个商业组织，所以要在商言商。如图 6 – 5 所示。

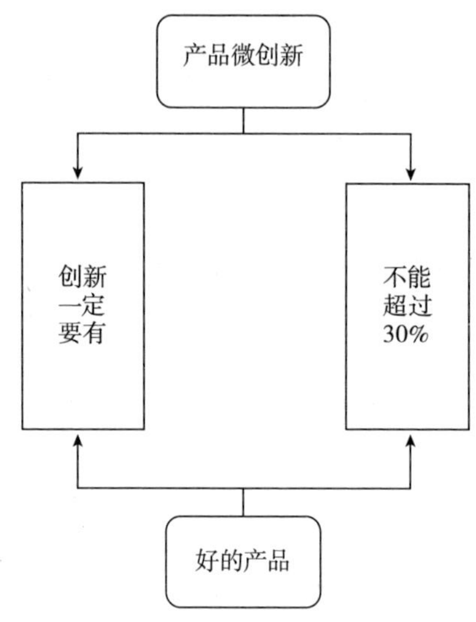

图 6 – 5　产品微创新的含义

产品微创新

以前不管是西方公司还是华为，给运营商卖设备都是代理商模式。当年，是华为改变了中国市场的营销模式，首先开始由代理模式走向直销模式。然而这个模式是被逼出来的。究其原因是代理的产品差，不断出现各种问题，然后还需要不断地贴近客户去服务。所以，华为主张改变模式，进行微创新。

华为的老员工经常挂在嘴边的一个词——守局，这里所说的“局”指的是邮电局，也就是今天的运营商。由于当时华为所代理的那些设备随时会出问题，华为的研究人员和专家，在无计可施之下只能在一台设备安装之后，守在偏远县、乡的邮电局（所）一个月，甚至两个月，白天设备在运行，晚上跑到机房去检测和维护。

在这样的情况下，华为的微创新文化被逼了出来。华为在2009年时就快于同行发布了iODN解决方案，该方案便于运营商对海量光纤的部署、管理、维护。

当时，无论是在国内还是国外，运营商们都在进行着轰轰烈烈的宽带提速，而光进铜退是宽带提速的主要手段。但由于光与铜截然不同的物理特性，光进与铜退并不能简单替换。由于光纤是一种无源资源，运营商无法直观地通过电路的打开与闭合，判断其是否在工作。

再加上网络中的接续节点多，网络资源连接管理非常复杂。这些对于很多企业内负责维护动辄成千上万条光纤的网络运维部门来说，是一个前所未有的巨大挑战。

据统计数据显示：运营商超过30%的光纤由于标识混乱、无法辨识造成资源沉淀无法使用，只能重新投资铺设，造成大量资源浪费。除了资源沉淀外，运营商还面临着光纤网络业务开通和管理的难题，比如，运维部门接到订单，派出施工人员到远端进行施工，但到现场才发现光纤已经分配完了等等。

华为接入网产品线副总裁李和顺表示："几年前，我们在帮助海外运营商实施FTTH网络部署的过程中注意到这一问题，于是在2007年立项研发，2009年发布了iODN解决方案样机，并在去年正式商用，实现了对无源光网络的可视化管理。"。

所谓iODN，即intelligenceODN（智能ODN）。华为的基本思路是，为光纤分配电子标签，通过读取插入光纤的信息，实现对光纤的智能管理。iODN给运营商带来的价值是什么？在实际商用局中的小规模测试结果显示，iODN能够降低20%总体建设成本，而由于人员效率提升、快速故障定位带来的总体运维成本降幅则达到50%。对于运营商来说，实施简单、价格可接受是华为iODN受青睐的重要原因。

由上面的这个案例可以看出，华为之所以能够从一家小公司成长为让全球客户信赖的大企业和行业领导者，其二十多年里不间断的和大量贴近客户的微创新起到了很大的作用。据一位华为老员工的保守估计：二十多年华为面向客户需求的产品微创新有数千个。

实行小改进大奖励

任正非在华为坚持实行“小改进，大奖励”。他说：“小改进、大奖励是我们长期坚持不懈的改良方针。”所以华为人在小改进的基础上，不断归纳和综合分析，追求持续不断、孜孜不倦、一点一滴的改进，促使管理不断改良，坚定不移地推行一有小改进就给予大奖励的政策。

对于华为来说，这是一个长远的政策。因为创业是一个永恒的过程，创新也是一个永恒的过程，所以说企业的核心竞争力也是一个不断提升的过程。试想，如果只是发错货少一点，那么公司的核心竞争力不就提升了一点吗？如果创新提高30%，那么整个产品的质量不都提高了30%吗？

华为今天所面临的问题不是战略问题，而是怎样才能生存下去的问题。很多人都知道，年轻的最大问题就是没有经验。公司也是如此，发展得快，就会既没有理论基础，又没有实践经验。那么华为公司要如何做才能发展得好呢？这个时候就需要“小改进，大奖励”。这个方针会有效提高华为员工的本领和能力，同时还能提高华为管理者的管理技巧，促使华为更好地向前发展。

任正非说：“如果，我们在今年‘小改进，大奖励’中，提高了我们产品的质量，提高了我们的工作效率，降低了我们的成本，那么，我们的市场竞争力就会进一步提高。如果我们把航空公司的机票拿来给大家发发工资、发发奖金，大家将会有多大收益？但是，由于你们的产品质量不好，大家涨工资的钱，都花在维修的机票、酒店的费用中去了。你们在这个 QCC 圈活动中漏下的那 0.31 个故障点，不知道需要有多少飞机票来补偿。我们飞来飞去修机，修什么？就是当时因为你马虎的一个焊点。正是这一个焊点使我们花出去将近一千倍、一万倍的价值。所以我们在工作中的每一项改进都直接关系到公司的生死存亡。”

从他的话中可以明白，在“小改进，大奖励”中，最重要的是“小改进”。华为利用“小改进”推选任职资格考评体系，员工在工作中不断地进行“小改进”，其薪酬、分红和升职等大奖励就会源源不断地“前来”。

管理手记

“小改进、大奖励”是华为公司在未来很长一段时间内的发展中要坚持的一个政策，因此员工的每一次“小改进”，都是向任职资格逼近了一大步，是对自己一生的大奖励，会成为员工永恒的前进动力。

追随、连续、颠覆，一个创新的过程

以乌龟精神追赶龙飞船，上上下下都要“拒绝机会主义”，沿着华为既定的道路，并且不被路旁的鲜花所干扰，坚定信心地朝前走……

——华为总裁任正非

中国现在有着大量的互联网公司和科技企业，他们也在搞所谓的创新，但是这些创新都属于追随型创新，甚至包括华为早中期进行的创新也是如此。但是到了今天，很多产品不仅仅要做到追随性创新，还需要做到从追随到连续，最终实行颠覆，形成一个创新的过程。如图 6 – 6 所示。

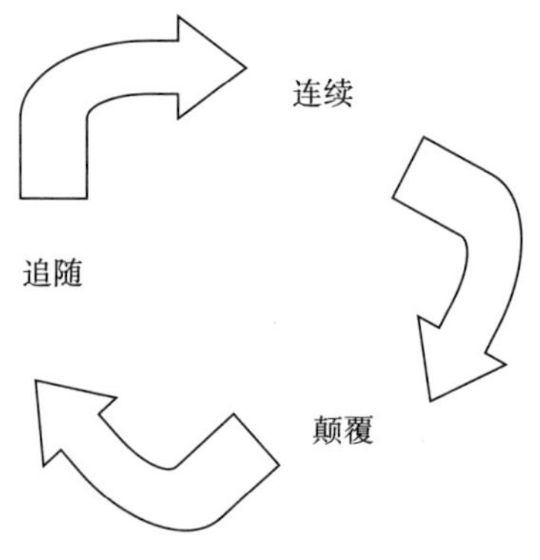

图 6 – 6　产品的一个创新过程

产品创新是一个过程

华为在过去二十多年内的产品改造更多的是追随式创新加连续型创新。截至2012年，华为已经累计获得授权的中国专利为21000多件，同时累计获得授权的外国专利为8000多件。即便如此，在核心芯片、操作系统、核心元器件方面，华为还是必须要依赖于美国。所以说，华为的产品要想完成一个创新的过程，还需要进行颠覆创新。

如果说100年前可以被称作是发明家的时代，那么现在则是一个技术过剩和技术廉价的时代。大多数发明创造在互联网时代，都可以在极短的时间内变为商业化产品并进入大众生活，甚至加速度完成从“钻石价格向白菜价格”的起跳与跌落。

所以，现在的产品想要创新，就必须进行战略资源的整合，建立在商业模式基础上的创新，这也是华为产品创新的根本。创新，尤其是颠覆式创新，国家需要创造的是环境，企业需要创造的是机制。

华为在科学产品创新方面持续投入，这些投入使华为累计获批专利38539件。任正非说：“我们成立了2012实验室，专门从事基础研究创新，华为鼓励各个领域的科学家发挥自己的聪明才智，并且对于他们的失败给予更多的宽容，科学家们在基础科学如5G、浸入式视频、全光网方面的研究和创新将奠定公司未来发展的基础。”

在2005年，华为发明了USB口模拟读写功能用于通信的技术，直接为华为创造了一个新市场。直到今天，这类产品已经在全球累计销售了6亿台。华为的创新是一个过程，是一步一步慢慢走出来的。

产品创新不能无边界

任正非喊了二十多年的这句“产品好服务好价格低，是华为赢得客户，生存下去的理由”被视为华为的立身之本。

2014年6月，中外媒体发出了对华为最新的手机芯片“麒麟”的惊叹：“华为海思8核处理器为啥这么拽?”因为华为开启了中国内地的4G应用。不仅如此，华为还拥有466项4G核心专利，在全球设备商中排名第一。这意味着在4G高端手机市场，华为才是真正拥有高性能高集成度的，通过交叉授权而无需向高通交高额的专利费，最终能够实现低成本低价格与高性能。这被华为人称为是真正的颠覆性创新。

华为人说：“我们应该演变，即便有了长远的战略思想，也要在今天的思想上逐步演变，逐步改进。不妄谈颠覆性。”要知道，苹果手机的成功是四十年积累成功的。任正非说：“你看iPhone的成功是四十年积累的突破，并非一日之寒。有时候我们不要总想用革命性思想使自己颠覆，人类需要的不是颠覆，人类需要的是技术高质量的继承与发展。”

华为人在进行产品创新时一定要围绕商业需要。任正非说：“现在我们说做产品的创新不能无边界，即使放的宽一点也不能无边界。但我们现在要成就的是华为的梦想，不是人类梦想。所以创新应该是有边界的，不是无边界的。”无边界的技术创新有可能会误导公司战略。

管理手记

任何产品的创新都不是一蹴而就的，华为、苹果都是经过不断积累之后突破的，所以企业家们要学习华为的创新精神，沉下心来搞创新，而不是单纯地去模仿别人的产品。

CHAPTER 7 第七章 激励讲分享：从“股份制”到“合伙制”

任正非说：“这几年我们始终坚持实事求是、按劳取酬。发展过程中也有不少问题，最近我们进行机制改革，觉得与发达国家大公司在管理上存在不少差距，但我们不会盲目学它，我们要慢慢摸索，学习它们合理的制约机制。在工资制度上，我们既要制约无限制的增长，又要使劳动者得到合理回报，保持劳动热情。我们还有很多需要完善、需要摸索的东西。”

“银手铐”激励制度：工者有其股

我创建公司时设计了员工持股制度，通过利益分享，团结起员工，那时我还不懂期权制度，更不知道西方在这方面很发达，有多种形式的激励机制。

——华为总裁任正非

华为公司的制度让人十分惊叹，而“银手铐”激励制度（银手铐员工持股计划指的是任正非持有公司1.4%的股份，剩余股份由84000多名员工持有）是其中的突出特色之一。华为从创立之初，就已经给具备一定资格的员工戴上了“银手铐”。之所以称之为“银手铐”，是因为它与一般意义的“金手铐”的期权制度存在着不同。如果客观公正地来讲，其实华为的员工持股制度并非学来的，而是被逼出来的。

任正非在《一江春水向东流》一文中，道出了华为员工持股这个制度的产生过程：“我创建公司时设计了员工持股制度，通过利益分享，团结员工，那时我还不懂期权制度，更不知道西方在这方面很发达，有多种形式的激励机制。仅凭自己过去的人生挫折，感悟到要与员工分担责任、分享利益。创立之初我与我父亲相商过这种做法，结果得到了他的大力支持。”

出发点是为了让华为人抱团

20世纪40年代的美国，英国前首相丘吉尔这样评价："美国像是一个巨大的锅炉，只要下面点着火，它就会产生无限的能量。"

美国非常尊重个人价值，而且对制度创新、民本思想、契约精神、法制、清教徒文化，以及对私有财产都有保护意识，这也使得美国社会多元且充满活力，因此几百年来都能长盛不衰。像是率先由美国企业发明设计的多样化的员工激励制度，尤其是其中的期权制度，在美国高科技公司的快速成长中产生了非常巨大的"核聚变效应"。可以说，正是期权制度和创新精神，成就了硅谷的奇迹。

华为当然也要学习，任正非认为，华为就是一个无背景、无资源，甚至可以说是缺资本、缺管理的公司，为了能够与世界巨头和国企拼市场和抢人才，他想到了一个办法，那就是大家一起做老板，共同打天下。

任正非坦诚道："不要把我想得多么高尚，我要是当初选择做房地产，地是我跑关系拿的，款是我找门路贷的，风险主要由我承担，我为什么要把股权分给大家？华为是科技企业，要更多的聪明人、有理想的人一起做事，所以就只能一起抱团，同甘共苦，越是老一代的创业者和高层领导干部，越要想到自觉奉献，只有不断地主动稀释自己的股票，才能激励更多的人加入到华为的事业中一起奋斗……"

"银手铐"激励制度是华为最大的颠覆性创新，也是华为开创奇迹的根本所在，建立这一制度的任正非对当代管理学研究带有填补空白性质的重大贡献，使得企业懂得了如何在互联网和全球化的时代对知识劳动者进行管理，这一点在过去百年的时间内一直都是管理学研究的薄弱环节。

工者有其股具体的表现形式是：任正非是华为第一大股东，占1.4%，其余的98.6%为员工持有。这样的股权配置截至2014年底，在华为15万员工中，已经有8万多名员工持有公司股份。华为的这一创新举动促使其成为全球未上市企业中股权最为分散和员工持股人数最多的企业，而且其股权结构也是众多企业中最单一的，这在人类商业史上是从未有过的。

其实，按照大多数企业家的做法，任正非完全可以拥有华为的控股权，但他没有那样做。从华为开始创立的那一天起，任正非就给自己定下了目标，那就是让那些知识劳动者作为核心资产成为华为的股东和大大小小的老板。

没有任何制度是完美无缺的

现在，有些观点认为，华为虽然因为普遍持股而给公司带来了普遍激励，但将来也会败在这一股权设计上。毕竟花无百日红，如果哪一天华为发展缓慢了，或是停滞了，乃至亏损了，到时候员工可能就会出现分红少了或者无红可分的状况，这个时候公司的凝聚力和战斗力就会出现问题。虽然这样说会让人觉得一时难以接受，但是此言并非危言耸听。

万一出现这种情况，华为要如何做才不会出现大幅、持续的经营危机呢？不会使得大多数的管理层和员工动摇、懈怠和溃散呢？很多人会认为让公司上市不就行了吗？但是上市公司可以做到吗？结论当然是不行。其根本还是在于发展，唯有健康发展才有持久的团队和个人的凝聚力。而想要获得健康的发展，则离不开富有普遍激励意义的人力资源政策和良性的组织文化。如图7－1所示。

说到良性组织文化，华为的一位高管曾说：“2003年，华为与思科打官司的时候，公司内部充满了悲观情绪，但最终华为赢得了这场官司。再后来和摩托罗拉的诉讼，华为心里就有了底气。现在，华为的创新和知识产权得到了全球公认。无论是谁，如果想和华为打官司，需要更多的勇气、思考和准备。”

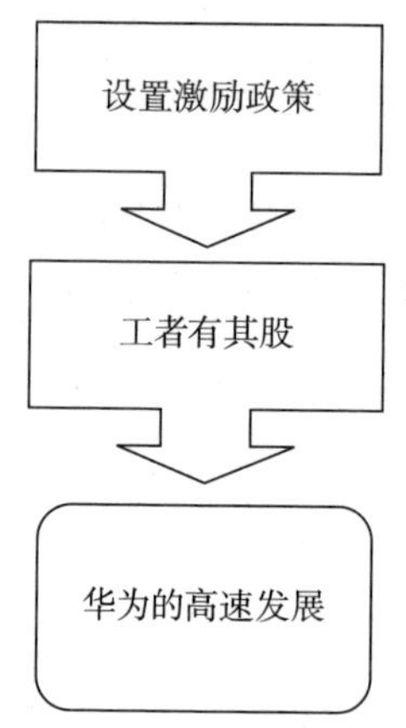

图 7－1　工者有其股推动华为的发展

“跟着老板打胜仗”，在华为内部已经形成了一种文化定势，也就是所谓的成功导向定律：我们过去不断成功，今天和今后也一定成功……就是这种关于成功的群体信念成为华为文化的重要支撑力量。不过，值得注意的是，这仍然是基于良性的人力资源政策之上的。

股票是对华为人过往奋斗的认可，“作为财务投资者应该获得合理回报，但要让‘诺曼底登陆’的人和挖‘巴拿马运河’的人拿更多回报”。任正非直言道：“华为确保奋斗者利益。若你奋斗不动了，想申请退休，也要确保退休者有利益。不能说过去的奋斗者就没有利益了，否则以后谁还上战场？但是若让退休者分得多一点，奋斗者分得少一点，那还有谁会去奋斗呢？因为将来我也是要退休的，为了确保更多利益，那我应该支持这项政策，让你们多干活，我多分钱，但我不能这么做……”

时至今日，华为已经有了 8 万多名股东。其最新的股权创新方案是，外籍员工也可以大批量成为公司股东，这一点实现了完全意义上的“工者有其股”，也使华为成为自人类有商业史以来未上市公司中员工持股人数最多的企业。

管理手记

企业如何在如此分散的股权结构下，实现长期使命和中长期战略，甚至要如何做才能满足不同股东阶层、劳动者阶层、管理阶层的不同利益，需要的就是像“银手铐”这样的制度。

全员合伙制，开启员工共创模式

当初只是抱着与员工分担责任、分享利益的朴素目的，却没有想到当初无心插的花，成就了华为今天的大事业。

——华为总裁任正非

自从互联网公司阿里巴巴、小米等大型企业都着重开始推行全员合伙人模式后，全员合伙制也随之成为当今最为热门的词，就连一些传统公司也纷纷开始摸索并开启合伙人模式。但是很多人都不知道，其实华为很早之前就已经开启员工共创模式了。

华为这么多年的经营过程当中一直都秉持着一个简单的逻辑：价值分配是管理的核心。所以，虽然今天华为依然会将员工定义为“劳动者”，但华为的利益分享机制却一直都是根据外部环境和公司所处不同发展阶段的变化而变化的，而且每次改变，全部都是围绕着知识资本的价值分配这一主轴。同时伴随着“以奋斗者为本”文化的建立，华为的利益分享机制的调整一直都在导向冲锋和奋斗。2010 年，华为内部更是正式进行了一次核心为“对华为公司价值创造与价值分配的理解”人力资源管理纲要价值模块的讨论。如图 7－2 所示。

万科总裁郁亮说：“我去华为拜访，感觉它更像合伙人……员工都是股东。员工股东可以理解为合伙概念，所以合伙不合伙还有一个区别，最

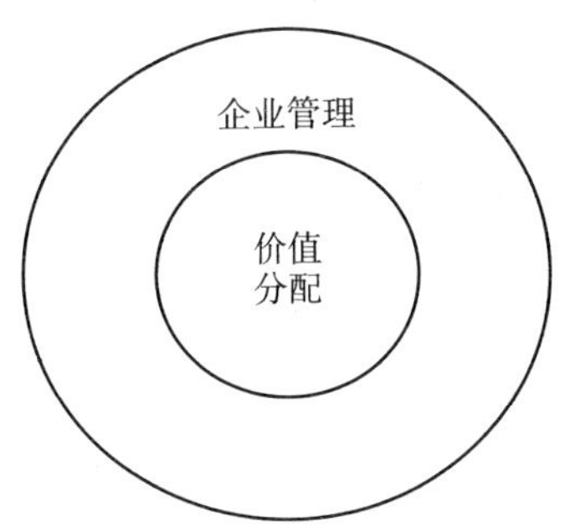

图 7－2　价值分配是管理的核心

重要的是看老大有多少股份。有的虽然内部持股，但大老板一人持有股份太大，在这种情况下，即使全员持股，我仍会认为这是一家内部公司。但如果大老板股份不太多，甚至是很少，这时候全员持股，我才觉得这个是合伙公司。”

共创共赢

初创华为时，任正非在股份分配上，就提出了要求，那就是华为人只要有主人翁意识，都有配股资格。而“不在乎他们是什么行业，哪怕是工人，打包工，只在乎他们是否有主人翁意识，尽心、努力，是否优秀，是否种了庄稼、打了粮食。”

最初华为几乎有 80% 左右的基层骨干员工持有股份，当时就连工人和打包工也持有股份，任正非这样做是为了扩大股份的覆盖率，团结华为内的大多数员工一起进步，最终目的是培养优秀员工的主人翁意识。

随着网络化战略的进一步推进，很多公司都在向创客平台演变，而且企业的宗旨也都开始从追求长期利润最大化，变为公司企业的股东之一。这样的变化促使很多企业多了一些动态合伙人。

海尔公司的张瑞敏说：“创造用户价值的目标能不能完成？能完成你

就干，不能完成就别人来干。因为现在每个人都是创客，都要跟投创业——有风投来投资，要跟着投资，这样大家的利益就绑在一起了。创业是在海尔这个平台上进行的，共赢是目的，实现各方利益最大化，攸关各方能够持续协同、共享创造的价值。”

华为在2013年成功超越了世界上最大的爱立信公司，成为全球第一大通信设备制造商，而它所拥有的是一个非常强大的合伙人机制。

与海尔创客相似，但是任正非在开启员工共创模式方面做得更到位，他始终把华为的激励机制建设得相对完善，将其作为华为管理的核心。如果一家公司的管理者没有把公司的激励系统、机制建设起来，就无法解决员工关注的问题，员工就会抱着一个打工的心态来工作。因为推动员工发展的不仅仅是其内在的自驱力，同时还有公司的压力和驱动力。

华为利用合伙人管理模式，用员工自己的钱来激励员工，把员工发展成公司的合伙人，员工想着公司也有我的份，心里就会升起源源不断的动力。

华为还开了一个先河，让公司内86%的员工持有98%的分红权，极大地调动了华为人的动力与热情。再加上分红权就是通过合伙人的虚拟股份的方式来操作，并不会牺牲公司创始股东的真实股权，从而出现了皆大欢喜的局面。

把员工变成老板

1993年初，华为的1992年年终总结大会在深圳蛇口的一个小礼堂里举行，当时华为全体员工仅有270人，他们第一次目睹了任正非的真情流露。会议开始后，任正非在台上刚说了一句“我们活下来了”，就哽咽了，双手不断抹着脸上的泪水……

这次大会就像是一面镜子，让很多员工从中窥见了任正非在创业初期所经受的艰辛，同时也让员工明白，自己和任正非都是华为的老板，要一起为华为的未来考虑。任正非的想法其实很简单，那就是把员工变成老板，让所有人利益均沾，宁愿自己只占1.42%的股份，也要让自己的合作伙伴、让员工和自己一起拼命把华为做大做强。

任正非认为有钱就应该大家赚。他说：“现代企业竞争已不是单个企业之间的竞争，而是供应链的竞争。企业的供应链就是一条生态链，客户、合作者、供应商、制造商的命运都在一条船上。只有加强合作，关注客户、合作者的利益，追求多赢，企业才能活得长久。”

1994年，华为为了进一步打通市场渠道，再次与各省邮电局一起成立了27家合资公司，这次华为共计获得“风险投资”5.4亿元，重新为华为的高速扩张和大规模研发输入了血液。

华为两次成立的这一系列公司，既让华为获得了发展资金，同时又促进了华为的销售，疏通了长期客户关系，合伙制解决了令所有通信制造企业头痛、造成现金流不畅的回款问题。

任正非认为合伙制就应该让合资企业的人向作为股东的客户收款。这个方式使合伙的几方人被这种利益捆绑，有效避免了关联交易。在2000年之后，华为把这些合资公司变成了华为各地的分部。不仅让它们完成了历史使命，而且在关键时期帮助华为战胜了竞争对手。

“有利益同共体又有利益驱动机制，我们就能激活这个组织。”任正非如是说。正是因为他的这种思想，这种把客户、供应商、合作伙伴、竞争对手等价值链上的利益相关体一同“拉下水”的模式，最终形成了“你中有我，我中有你”的“共赢生态圈”思维，这样的生态圈最终使华为的市场快速做大，其低成本优势也终于得以大规模地爆发出来。据媒体的资料显示，早年的华为就已经处于每年100%左右的增长，到了2003年华为的销售额为317亿元，毛利率达到惊人的53%。这一年，海尔、联想、

TCL 三家在中国电子信息企业中营业额排在前三名的企业，其利润总和才约等于华为一家。

管理手记

如何来培养员工的主人公精神？必须有让员工当家做主的机制，而这个机制就是华为的合伙人机制。

人人持股，所有员工都能分享利润

仅凭自己过去的人生挫折，感悟到要与员工分担责任、分享利益。

——华为总裁任正非

任正非在最初创立华为时，只有两万余元的资金和几间租赁的房子，就是这样艰难的开端，依旧没有挡住华为向前的脚步。与任正非同时期在深圳建立企业的老板现在早就已经销声匿迹了。

一定要“肯给”

很多人都想看到华为上市，但是华为至今没有上市，任正非觉得相比上市而言，把公司98.6%的股权发放给员工，更能促使华为的壮大和发展。

2010年，华为净利润已经达到了有史以来最高的238亿元，甚至是一股2.98元的股息。当时在华为任职的任何一名超过10年并且绩效优良的资深主管，就能拥有40万股股权，每一个主管这一年仅是获取股利就有将近120万元。

事实上，在华为，即使是一个刚入公司的本科系菜鸟，起薪也比一般企业要高，大约估算一下，以第一年月薪9000元换算，再加上年终奖金，他的年薪至少在 15 万元 。

通常在华为工作 2 年至 3 年后，就具备了享有华为配股分红的资格。而且在华为还有着“1 +1 +1”的说法，就是华为人的工资、奖金和分红比例都是相同的。之后华为员工随着年资与绩效的增长，分红与奖金的比例将会大幅超过工资。这种现象即便在号称重视员工福利的欧美企业都很罕见，更令人觉得不可思议的是，事情竟然起源于“活下去”这三个字。

任正非出身于贵州一个贫寒家庭中，家中有着 7 个兄弟姊妹，任正非是老大，所以他从小就学会了与父母一同扛起这个家的责任。在他读高中的时候，一家人已经穷到要去山上挖野草根煮来充饥的地步。在这期间，如果偶然有一块馒头，父母亲会将其切成 9 等份，每个人只有一口，这样做的目的是为了让每个孩子都能活下去。

任正非每次回忆起那个时候的场景时就会说：“我们家当时每餐严格实行分饭制，控制所有人欲望的配给制，保证人人都能活下来。不这样，总会有一两个弟妹活不到今天。”

这样的家庭教育理念把“要活，大家一起活”这个意念深植进了任正非的心中，之后也成为他创业后坚持利益共享的基础。把员工与公司的利益绑在一起，如图 7 –3 所示。

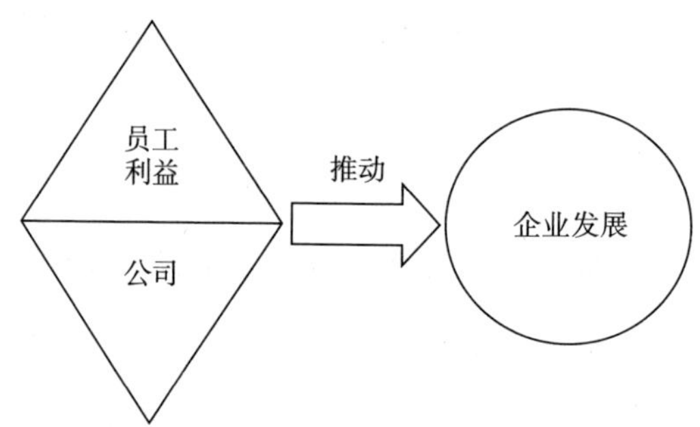

图 7 –3　企业发展的必备因素

维护客户和员工利益

说起来容易，做起来难。华为员工邱恒说：“很多公司嘴巴上说维护客户的利益，实际上是维护自己的利益，这两件事常常是冲突的。”

通信产业往往会因为存在技术标准和频率波段的不同，衍生出不同的产品，一个电信商可能会为了满足消费者，用三套技术标准，这就需要采购3套不同的机台，这其中安装与后续维修的费用，有时候甚至会高过单买机台本身。

如果是以一个制造商的角度去看，当然是希望客户买越多套产品越好，这样自己才能赚取更多的服务费。但华为却没走这条路，而是走了一条逆向的路——我来帮客户省钱。也就是反过来站在电信商的角度去思考，华为甚至主动研发出把三套标准整合在一个机台的设备，以便于帮助客户省下50%的成本。

“短期来看，我们是傻，是亏，但长期就不见得。”邱恒说，当客户省下了钱之后，就会把这些钱用于其他方面的投资，研发出更新的产品，从消费端赚来更多的钱，这个时候再回头来跟你合作，大家就能一起成长。邱恒说：“当他只能赚一块钱的时候，肯定无法分给你一块五，他若能赚五块钱，你才有机会分到两块甚至是三块。”这是一个简单的商场互利逻辑，但有些企业的管理者却往往会忽视这个逻辑。

郭平认为华为的许多技术创新是从这个过程中而来的，他说：“华为是第一个把2G、3G、4G打通的人，靠一套设备就能提供多面的服务。”

管理手记

当客户提出问题或需求时，华为的工程师会回过头去从基础科学中找寻答案，这个时候会由此产生源源不绝的新产品与专利。

不让“雷锋”吃亏，让奉献者得到合理回报

向雷锋学习，但决不让“雷锋”吃亏，奉献者定当得到合理的回报。

——华为总裁任正非

华为的成功很简单，其价值分配理念强调“以奋斗者为本”。而且在华为的分配理念中还承诺了一点，那就是绝不让“雷锋”吃亏，一定要让奉献者得到合理的回报。试想一下，当员工们在接受了这个假设而去奋斗之后，验证了这条承诺，这个假设就会在员工脑海中转化为一种信念，从而为企业创造更高的价值。

价值分配向奋斗者、贡献者倾斜——踏踏实实做事的人不会吃亏

在华为的经营中，对价值评价系统的建设实际是将华为员工的奉献和对奉献的回报紧紧联系起来，这样能使华为员工看得见，也能努力做到不让“雷锋”吃亏，奉献者定当得到回报。

国家人事部张学忠副部长与华为公司总裁探讨人才机制时在《在集体奋斗中发挥个人才智》中有这样一段话：“我们公司最大的特点是不让‘焦裕禄’们、‘雷锋’们吃亏，今天学习焦裕禄、雷锋，是学习他们的奉献精神，

是对工作兢兢业业、一丝不苟的精神，越是这种人，公司越要给他更高的物质回报，甚至硬塞给他，这是为了创造一种人人都争做焦裕禄、雷锋的良好风气，使华为的优秀队伍越来越壮大起来。”如图7-4所示。

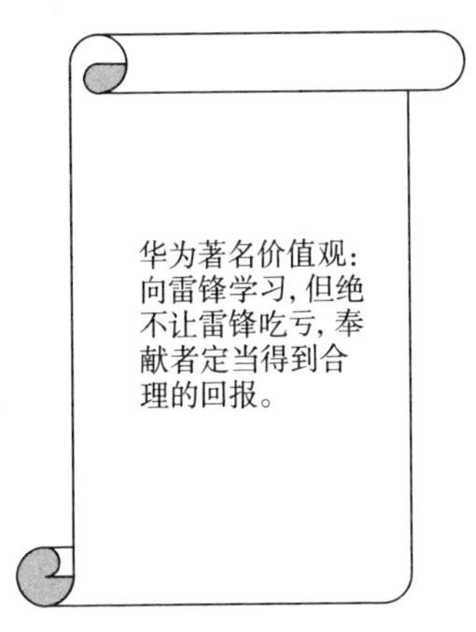

图7-4　华为的一条价值观

华为始终强调奉献，认为奉献精神就是踏踏实实把本职工作做好。如果华为的每个员工都能考虑为社会、为公司多做一些贡献，那么华为内部的关系就能够按实事求是的方式理顺，华为也就能够获得一个高度团结、政令通畅，员工努力奋斗和乐于奉献的公司。

任正非说：“我们公司的薪酬制度不能导向福利制度。如果公司的钱多，应该捐献给社会。公司的薪酬要使公司员工在退休之前必须依靠奋斗和努力才能得到。如果员工不努力，不奋斗，不管他们多有才能，也只能请他离开公司。”

华为设置了考评机制和激励机制，从这些方面鼓励员工应当在工作中踏踏实实、认认真真。

不让“雷锋”吃亏，才会促进千百个“雷锋”不断成长

华为公司始终奉行绝不让“雷锋”吃亏的政策，对于华为人来说，公

司努力探索企业按生产要素分配的内部动力机制，从而使企业内部能够形成创造财富与分配财富合理化的氛围，进而产生更大的动力。

任正非说："我们不让'雷锋'吃亏，奉献者定当得到合理的回报。这种矛盾是对立的，我们不能把矛盾的对立绝对化。我们是把矛盾的对立转化为合作协调，变矛盾为动力。"

任正非为了要让更多的"雷锋"涌现出来，就要创造一个让"雷锋"产生的环境与土壤。

想要创造这样的环境，华为首先必须要解决价值交换问题，也就是要使华为员工有奋斗和奉献的精神。作为对每个员工业绩的承诺，任正非说："我们强调人力资本不断增值的目标优先于财务资本增值的目标。"

任正非强调在华为的分配体系上，一切都要以贡献为基础，再进行合理分配，千万不要过分地强调其他。而且在强调贡献的基础上，任正非认为要看到资本的贡献价值，合理切分劳动与资本的收益分配比例。

管理手记

华为不仅设置人人持股制度，同时也设置了考评机制和激励机制，从这些方面教导员工只要在工作中踏实认真地工作，就都会得到合理的回报。

各尽所能，按劳分配，多劳多得

华为价值评价标准不要模糊化，坚持以奋斗者为本，多劳多得。

——华为总裁任正非

与其他同类企业相比，按劳分配是华为人力资源管理中的重要内容。不同企业因为存在着不同的理念，按劳分配的规律也存在着不同。华为的比较简单，只要华为员工能各尽所能，就能按劳分配，并且多劳多得。

在中国，很多企业在创业初期为了活下来，通常会选择像华为这样，分配激励制度建立在效率基础上，谁为这个公司拿到的订单多，或是研发出的产品卖得好，谁就能获得相应的提拔，并拿得更多。但随着公司的发展壮大后，有的管理者就开始改变分配制度，比如，会出现老板说了算，或者只有靠上某个山头，才能得到提拔等，这些都是违背企业发展宗旨的，同时也是违反人性的。要想企业发展得像华为一样好，企业的管理者就要学会尊重人性，多劳者多得，而不是眼睛盯着老板。

任正非说：“公正就是共同的价值观，是我们对员工做出公正评价的准则，对每个员工提出明确的挑战性目标与任务，是我们对员工绩效改进做出公正评价的依据。”从他的话中可知，华为的员工只要在完成本职工作中表现出能力与潜力，华为就会多给其所得。

同时华为还奉行效率优先，兼顾公平的原则。就像任正非说的那样："我们鼓励每位员工在真诚合作与责任承诺的基础上，展开竞争；并为员工的发展提供公平的机会与条件。每个员工都应该依靠自身的努力与才干，争取公司提供的机会。"

现在有很多公司要么长不大，要么过早衰退，多是因为其早期建立在效率基础上的分配文化扭曲了。而华为一直坚持了下来，并始终以奋斗者为本，以客户为中心，这其中最核心的就是四个字：多劳多得。

按劳分配

现在很多企业都是根据职称、学历等来分辨员工身份，而华为则是通过薪资账户来分辨的。

"我们不像一般领薪水的打工仔，公司营运好不好，到了年底会非常感同身受，你拼命的程度，直接反映在薪资收入上。"2002 年从日本最大电信商 NTTDoCoMo 跳槽加入华为的邱恒这样说。

以他为例，华为在 2009 年因为遭遇金融海啸，整体环境不佳，成长幅度更是大不如前，虽然他的底薪不变，但分红还是跟着缩水了不少。然而等到隔年，华为的净利创下历史新高，他的分红比前一年翻了一倍。这些都表明华为把公司的利益与员工的个人利益紧紧绑在一起。而想要员工死心塌地跟着公司，还需要在此基础上保证员工多劳就能多得。

在华为，即便你是一个外派至非洲的基础工程师，只要能帮公司服务好客户，争取到一张订单，那么在你的年终奖中就能获得配股额度、股利，以及年终奖金总额等，这些加起来有可能会比一个坐在办公室，但绩效未达标的高级主管还要高。

1997 年任正非在人力资源委员会基层员工股份评定会上讲话时这样说："对于退休返聘人员同样不看级别，只看贡献，只看优秀与否，也会给予股份的。对于个别有争议的人员，我们服从大多数人的意见，由集体表决。但在华为有贪污受贿情况的人都不能评，以前评的，也都要降下来。”

华为在股份评议时，最为看重的还是实际和贡献，实事求是看员工在工作中的实际行动，而不是只看那些口头效力的。具体的股份评定的评价标准是：“基层骨干员工是看劳动态度和敬业精神，关键看他是否能干好本职工作，是否能多打粮食，是否适应在这个岗位上继续工作。”如图7－5所示。

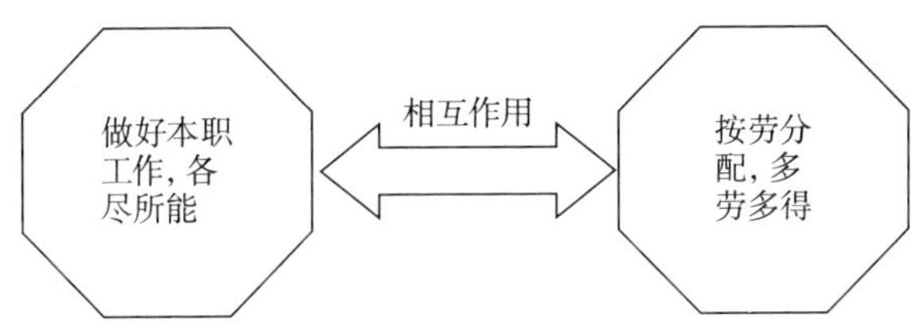

图7－5　按劳分配的原则

内部不同部门和不同职业之间要做到如何平衡，如打破岗位和部门之间的差异，华为采用的是标杆的形式，找到部门之间的平衡方法。通常对于历史形成的倾斜，华为基本上都是通过几年时间不断进行纠正，并按责任与贡献来评议和区别。

多劳多得

任正非在华为始终强调价值创造、价值评价、价值分配的科学性与合理性，要求分配的公正、公平与公开。“华为基本法”中有这样一条规定：公司重要政策的制定，均要充分征求意见与协商，抑侥幸，明褒贬，提高执行上的透明度。

但是这些不是表明任正非强调绝对的公平，而反对价值分配上的平均主义，他在干部大会上说："我们的价值评价体系不可能做到绝对公平。如果用曹冲称象的方法来进行任职资格评价的话，那肯定是公平的。但如果用精密天平来评价，那肯定公平不了。我们要想做到绝对公平是不可能的。"

华为的薪酬主要包括华为员工的工资、资金、股份、医疗与养老保险等福利。这样的薪酬体系能让企业有一个长期利益和短期利益的交换，能够着重于长远利益的建设，让员工把精力用于长远建设的目标上来，这也被称为是华为价值分配的一种转换方式。

就像任正非向中国电信调研团的汇报以及在联通总部与处以上干部座谈会上的发言时说的那样："各尽所能，按劳分配。怎么使员工各尽所能呢？关键是要建立公平的价值评价和价值分配制度，使员工形成合理的预期，相信各尽所能后你会给他合理的回报。而怎么使价值评价做到公平呢？就是要实行同等贡献，同等报酬的原则。不管你是博士也好，硕士也好，学士也好，只要做出了同样的贡献，公司就给你同等的报酬，这样就能把大家的积极性都调动起来了。"

管理手记

在华为有这样一个激励制度，那就是多劳多得，以奋斗者为本。"抢银子"让华为有效解决了"分赃文化"的问题。当华为人一起去海上"抢银子"，任正非就是"海盗头子"，对于自己手下的要求就是抢到银子，抢得越多，分得也越多，而"海盗头子"既要带领大家去抢银子，又要做银子的分配者。

大刀阔斧，为共享而重组

> 只有有强烈的主人翁意识并努力工作的人，华为才会给他们配股，将他们变成华为的主人。
>
> ——华为总裁任正非

美媒称：“抛弃先前向全球大量提供廉价、无品牌移动电话的商业模式，中国的华为已经崛起为一个得到全球认可的品牌并成为苹果和三星的重要竞争者。”正在迅速挺进世界各地市场的华为，现在所生产的手机是世界第三大智能手机品牌。尤其是欧洲市场，似乎已经接受了华为的存在，华为正凭借自己更出色的产品和新的品牌形象以空前的速度得到发展。

尽管华为的创新能力在国内处于领先地位，也被称为当之无愧的中国高科技行业的第一品牌，但却仍旧遮盖不了外界对其神秘的企业架构，及家族式管理风格的质疑。对此，华为大刀阔斧地进行改革，为员工共享而重组。如图 7 –6 所示。

注重公司的改革发展

美国《福布斯》双周刊网站的报道称，成立于 1987 年的华为出身卑微，它最初只是深圳一家电话交换机制造商。但是华为做到了与这个城市

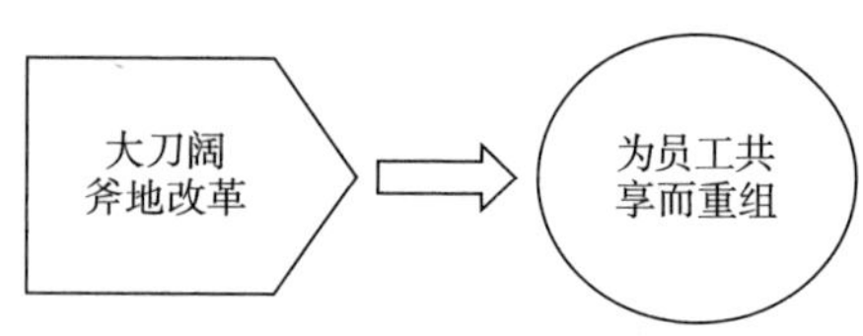

图7-6　华为为共享而重组

初生的电子工业一同成长，到了2012年就已成为全球电信网络的领导者。

如今对华为产生最大影响的是其最出色的消费产品——智能手机。仅2015年一年，华为就销售了1.08亿部智能手机，虽然这个数字远远落后于三星的3.24亿部和苹果的2.31亿部，但是它们之间的差距正在迅速缩小。到了2016年，华为手机的销量上升曲线显得更加陡峭：第一季度销售了2880万部，同比增加1000万部，这个数据与三星同比持平，而一直被大众推崇的苹果手机则出现了下降。

华为手机在西方非常受欢迎，就连波兰汉学家、前大使波格丹·古拉尔赤克都说："我来到店里，他们建议我不要买三星，称也许这部华为手机更好一些。越来越多的人认识到这不再是蹩脚产品，这不是冒牌货，这大大超过了我们的预期。这正在改变人们的心态，他们开始想，'哦，中国，这很了不起'。"

2016年4月，华为在伦敦推出了其新的旗舰手机P9和P9 Plus。自此之后，在中国，华为已然成为无可争议的头号智能手机品牌。而在中国之外，华为更是大刀阔斧地进入新的市场，并将重点放在了欧洲。现在在欧洲，华为已经成为第二大安卓手机品牌。

华为能发生如此大的变化，离不开它的改革，这其中最重要的一点是华为的开放学习特性。

大约从1994年开始，华为就开始了公司的管理变革和进步。1996年发布的"华为基本法"是其改革的标志性成果，其直接确立了华为公司未来发展的方向。如今二十多年过去了，" 基本法历久弥新，依然很有效果。

1996 年，华为还引入了 Hay 公司，开始为公司建立人力资源体系。之后经过数年的积累，华为人力资源在很多方面都走在了国内乃至世界的前列。德鲁克和韦尔奇都着重强调：人力资源部门是一个公司中最重要的部门，应和财务部门一样重要。而当我们遍观国内的企业时，会发现很多企业都没有做到，但华为做到了。华为很早就建立起了二级人力资源体系，也被华为人称为干部部，比如中研干部部、营销干部部等都包含其中，干部部的部长通常由该系统的核心领导担任。

找准病根，对症下药

任正非在对华为改革时说：“脱光衣服，连裤衩也脱掉，只有你不遮遮掩掩，顾问才能知道你的病根到底在哪里。”讳疾忌医，公司是肯定无法取得进步的。不论是什么类型的企业，即便拥有很多值得骄傲的成绩，仍会存在许多不足，如果没有开放学习的心态，不能“清空”自己，企业是无法顺利地向前发展的。

华为在管理方面的一大特色是在治中求乱与乱中求治，为适应不断变化的市场，始终保持“以客户为中心”的组织形态和运作模式。华为几乎每两年就要进行一次大规模的组织变革。

比如：当华为发现自己的销售收入开始高速增长，但利润率却连年下降时，就会意识到现在公司在扩大销售，在增强公司整体实力的同时，还需要做到降低成本和追求更高的利润率，这才是公司长久并良性发展的所在。

为此，华为开展了一次重组员工工号，打破公司多年来“工号文化”对年轻员工的枷锁，这样做是为了让华为的每一名员工在公司内部，在心理上得到平等的认可。

管理手记

不管公司如何发展都要兼顾双方的利益，为了双方的利益，在不断变化的市场和社会中，华为要跟随市场的脚步，不惜大刀阔斧地进行改革，只为了保证华为员工共享的利益。

CHAPTER 8
第八章　绩效讲循环：评功、行赏、打胜仗

在企业内部如何建立好的绩效管理机制和科学的评价机制，是企业盈利链条中的关键所在。华为认为“评功、行赏、打胜仗”这七个字，就是华为绩效管理价值循环的体现。

绩效文化，企业发展之源

> 做企业的人都知道，发钱是一个很难的事，发股票更难。在没办法的情况下，股票和奖金基本都发得很“和谐”，拉不开差距，发成了福利。
>
> ——华为总裁任正非

在企业中，绩效考核也被称作是“成绩或成果测评”，这是一种企业对员工实行的评判制度。主要是通过管理者或者与此相关的工作人员对企业内员工的工作做出比较系统的评价。一般来说，主要通过两方面进行讲述。如图 8－1 所示。

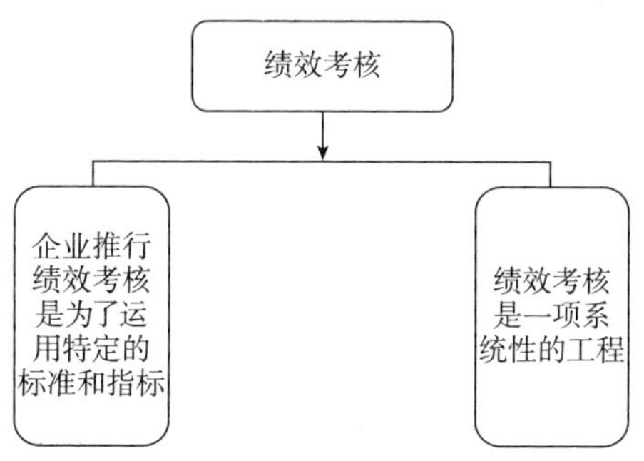

图 8－1　绩效考核的内容

1. 企业推行绩效考核是为了运用特定的标准和指标及科学的方法，实现企业的生产经营目的，对承担生产经营过程及结果的各级管理人员完成指定任务的工作实绩，对其带来的诸多效果做出价值判断的过程。

2. 绩效考核是一项系统性的工程。在企业既定的战略目标下，对员工过去的工作行为及取得的工作业绩进行评估，运用评估的结果对员工将来的工作行为和工作业绩产生正面引导的过程和方法。

在华为，绩效管理指的是管理者与员工双方的双赢。通常包含：企业的管理者就目标及如何达到目标与员工达成共识，同时增强员工成功达到目标的管理方法；绩效管理不仅要强调结果导向，同时要重视最终达到目的的过程和特别强调沟通、辅导及员工能力的提高。当然，还少不了管理者的绩效，其核心是部门和流程的绩效。

华为的“末位淘汰制”

华为在绩效管理中最突出的一点是“末位淘汰制”。

这种“末位淘汰制”是根据华为自身所实行的绩效指标体系对华为员工的工作绩效进行考核，并且根据每次考核的结果把得分靠后的员工直接淘汰出局的管理制度。

任正非在华为推行的末尾淘汰制基本遵循了 GE（通用电气公司）前 CEO 杰克·韦尔奇推崇的“活力曲线”——2－7－1 法则。具体的做法就是把 20% 的业绩优异员工定义为 A 类员工，把 70% 的业绩中等员工定义为 B 类员工，余下 10% 业绩较差的员工则直接定义为 C 类员工。用任正非的话说就是“C 类员工必须走人”。

这种严苛的绩效制度在华为受到了非常多的批评和质疑。任正非不为所动，他说：“有人问，‘末位淘汰制’实行到什么时候为止？借用杰克·韦尔奇的一句话来说就是，‘末位淘汰’是永不停止的。只有淘汰不优秀的员工，才能把整个组织激活。GE 活了一百多年，长寿的秘诀就是‘活力曲线’。活力曲线其实就是一条强制性的淘汰曲线，用杰克·韦尔奇的话讲，活力曲线能够使一个大公司保持着小公司的活力。GE 能够活到今天得益于这个方法，我们公司在这个问题上也不是一个三五年的短期行为……我们在这个事情上要耐着性子做下去。”

任正非的坚持使得华为的绩效管理一年好过一年，人才管理也因此而更上一层楼。人才管理是一项系统工程，单纯使用一种策略往往行不通或效果不佳，所以华为更重视绩效文化。

绩效文化：从单一走向“千手”

华为文化从本质上来看是“蓝血绩效文化”，通常带有军事化与校园文化的组织文化特征，同时着重强调业绩导向与执行，也就是任正非经常强调的“上甘岭上出干部”和“谁最有业绩，谁就有资源分配权、发言权”。这种绩效文化直接把外部竞争的压力转化为企业内部的竞争力，再加上在企业内部员工之间不断激活沉淀层，最终形成了华为“三高”的文化氛围，也就是高压力、高绩效、高回报。任正非说：“高工资是第一推动力，重赏之下必有勇夫。”也因此，华为为了激励员工“跳起来去够目标”，直接将绩效目标定为“正常、持平、挑战”三种。从而顺利使华为的绩效管理在传递绩效压力的同时，还能做到绩效管理面前人人平等。

任正非说：“《千手观音》之所以能够在短短 5 分 54 秒的舞蹈表演中带给观众强烈、长久的精神震撼，是因为邰丽华和她的伙伴们创造出健全人也难以创造的完美境界，使不可能变为可能，一次次征服观众，赢得了亿万人的掌声。而邰丽华和她的伙伴们的耳朵里和心里却依然只有宁静。”

华为人如何在辉煌与成就之中保持一个平常心态，任正非认为要从蓝血绩效文化向千手观音文化转变。千手观音文化体现出企业人追求卓越的精神，同时也表现出了默契的团队合作和精准到位的职业化行为，最重要的一点就是让人能够在掌声和荣誉面前保持平常心的文化内涵。这些都是华为人必须学习和养成的，也是华为人在华为飞速发展过程当中所需要的文化诉求。

管理手记

绩效文化是企业发展过程中必不可少的一项管理措施，实行得好就能更快地推动企业向前发展，反之就会导致企业的分崩离析。

以客户满意度为绩效导向

> 茶壶里煮饺子，倒不出来就不算饺子。能力再强，需要工作绩效来体现。绩效考核考评的是工作中表现出来的过程行为和最终结果，而不是能力。
>
> ——华为总裁任正非

华为经过二十多年的发展到今天，其绩效管理思想也得到了不断的发展和完善。现在，华为的绩效管理不仅仅是一些常规意义上的考核，更准确地说，华为绩效管理的过程其实既是企业管理的过程，同时也是人力资源管理的过程。具体如图 8 –2 所示。

华为以客户满意度为绩效导向。华为的绩效考核是一种对华为、对业务和对员工岗位梳理和定位的过程。在这个过程中，华为人要考虑到在绩效目标设定阶段的要求，同时理清部门或自身岗位对组织的独特价值。管理者和考核者还要思考这个问题：部门或个人需要什么样的资源组合才能完成部门目标？通过对自身的工作定位、个人的绩效承诺、周边部门的协调、个人能力分析、工作过程的资源调度、对于公司经营过程中出现的风险如何进行控制和防范等进行全面思考之后，最后落实到 PBC（个人绩效承诺）上。

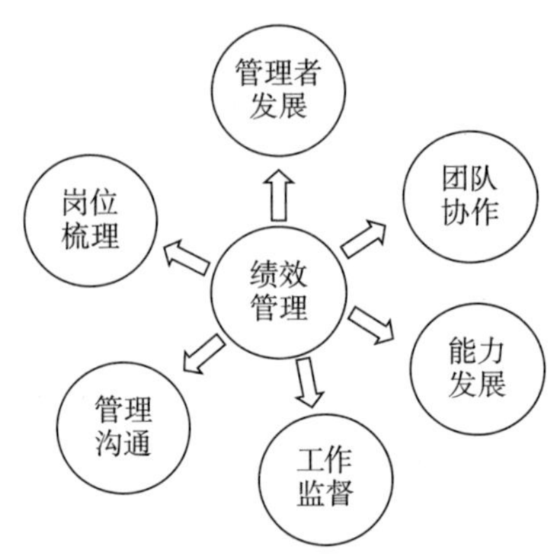

图 8－2　华为绩效管理的核心思想

华为的使命就是客户满意度

在《管理的实践》中，德鲁克强调企业的使命不管在过去，还是现在，都是“创造客户”。华为很早就确立了这样的绩效管理原则：无论是绩效目标的设定，还是考核都要以客户需求为基础。华为的唯一使命就是“客户满意度”，只有客户满意了，企业才能更好地发展。

现在还有很多企业不具备这样的绩效价值观，即便是使用了最先进的绩效管理工具，企业也不会得到真正的发展。所以，任正非把这种不以客户需求作为工作绩效的行为称为“冬天去北极”。

华为按照客户导向的流程型组织的设计原则，把客户导向的绩效分成了“能否快速响应客户需求、能否让客户容易享受产品或服务、能否准确提供客户价值、能否让客户低成本获得产品和服务”这几个维度。也因此，华为主要是依赖于自己内部各部门之间绩效目标的实现，最终实现总体绩效目标。

任正非在《华为的红旗到底能打多久》一文中指出：“紧紧抓住产品的商品化，一切评价体系都要围绕商品化来导向，以促使科技队伍成熟化。我们的产品经理要对研发、中试、生产、产品营销、售后服务……负责任，贯彻沿产品生命线的一体化管理方式。就是要建立商品意识，从设计开始，就要构建技术、质量、成本和服务的优势，这也是一个价值管理问题。”在任正非眼中，客户是华为的衣食父母，以客户为中心是华为活动的中心，唯有以客户为企业活动的灵魂，让客户满意，为客户创造价值，企业才能更具活力，更具成长价值。

华为内部有一个叫 PDT（Product Development Team）的部门，员工都是来自于不同的部门，但是其整体绩效目标只有一个，那就是满足市场并实现盈利的产品开发。

重视客户体验

围绕客户满意度，华为为产品的质量建设划定了以客户为中心的闭环质量管理体系。要求内部员工在保证产品基础质量“零缺陷”之外，要更加重视客户的体验。也正因为华为在生产过程中加入了这个以客户为中心的闭环质量管理体系，才促使华为最终获得了“中国质量奖”。任正非说：“现在我们的管理线已经开始清晰了，所以我们要追求管理线的效率。”

为了在华为上下贯彻“以客户为中心”的思想，做好客户服务，华为专门在考核体系中引入了“客户满意度考核”，即华为会根据用户对公司服务的满意程度，来判断员工服务工作的好坏。当然这个满意度分数不是员工自己得出来的，也不是华为自己的部门打出来的，为了尽量保证这一分值的准确性，华为会聘请第三方专业机构进行打分。得出这个分数之后，华为会将之和当年公司所规定的权重相乘，最终得出相应员工的客户满意度考核结果。这一考核结果会和员工的工资、奖金等挂钩，分数越高，所能享受到的薪资待遇就越高。

华为的 BG 质量运营部部长薛铭先生曾经在汇报华为以客户需求为中

心、持续提升客户和合作伙伴满意度的管理方法、流程、组织设计和平台建设情况时这样说："华为将坚持聚焦与被集成，与合作伙伴一起持续提升客户满意度。"

管理手记

现代企业中，如果想要获得像华为这样的高绩效管理，就要始终以客户满意度为方针督促员工，让员工更好地工作和服务于客户。

跑在最前面的人要得到实惠

我们强调按贡献拿待遇，只要你贡献没有增加，就不应该多拿。

——华为总裁任正非

任正非曾经在2014年人力资源工作汇报会上的讲话中提到："跑到最前面的人，就要给他'二两大烟土'。"这句话的意思是只要是在公司里绩效好、表现突出的员工，都应获得良好、及时的回报。如图8-3所示。

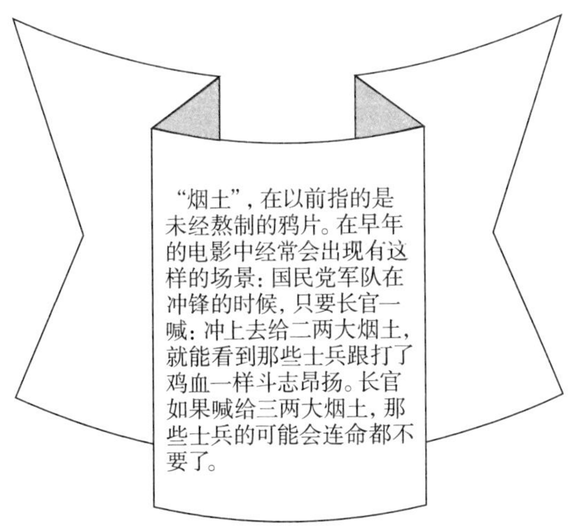

图8-3 "二两大烟土"的由来

在全球化竞争中，价格仍然是华为的“杀手锏”。华为进行价格战的基础已经发生了变化，不再只是基于竞争和拼血本，而是要基于总成本的降低。想要达到总成本降低的关键要素就是在技术创新与管理提升外，提高人均效益，也就是给跑在最前面的人更多的实惠。

人人都能做“将军”

2016年9月26日，华为2017届应届生校招宣讲在清华大学举行。在宣讲会上，华为常务董事兼CFO孟晚舟说：“改变世界的从来都是年轻人，70后觉得80后不靠谱；80后认为90后非主流；90后认为00后二次元。每一个时代都有鲜明的特点，每一代人也都有自己的价值观和世界观。华为尊重个体差异，不统一思想，只为共同的目标而群体奋斗！我们认为，90后不仅不是非主流，而且是我们这个时代的弄潮儿！”

就像孟晚舟说的一样，华为从来都不论资排辈，即便是年轻人在华为也能当将军。其主要看的还是员工的绩效，只要你绩效达标，你就是将军。现在的华为，85后占据了60%的部门经理，80后占国家总经理的41%，其中甚至还有80后的地区部总裁。所以说，在华为，3年的时间，从士兵到将军从来不是神话。

在此次宣讲会上，孟晚舟也宣布华为应届生招聘的定位不是招“学徒”，而是招“最优秀”的学生。她说：“华为的英雄都是在泥坑中摸爬滚打出来的。华为不论资排辈，所以华为的英雄‘倍’出不是一辈子的辈，而是加倍的倍！”

自创建开始，华为始终坚持知本主义。孟晚舟说：“以前，我们是按学历定薪。从今年起，华为将按价值定薪。充分考虑优秀学生的潜在贡献价值，特别是牛人年薪也不封顶。简言之，你有多大雄心、有多大能力、有多大潜力，我们就给多大薪酬。”

这也就使得在华为，人人都是合伙人。华为中的每个人都在绩效圈子中打拼，在华为，你是为自己创造价值，而不仅仅只是为华为打工。由此可以看出，华为的崛起，其根本因素在于企业文化的拉锯战。这 20 多年来华为虽然一直都在进行制度的变革，但始终离不开其核心价值观：多劳多得。

正是华为的这种坚持，使其这么多年来一直坚定不移地在多劳多得的理念下持续变革，全面学习西方公司管理，并在此基础上创造出最适合华为的绩效管理模式。任正非说："我们花了 28 年时间向西方学习，至今还没有打通全流程，虽然我们和其他一些公司比管理已经很好了，但和爱立信这样的国际公司相比，仍多了 2 万管理人员，每年多花 40 亿美元管理费用。所以我们还在不断优化组织和流程，提升内部效率。"

一切行为皆围绕高利润

华为是按照员工绩效来分配利益的，任正非说："奖励配股也要改革，原来的政策要做一些维护。不能因为拿了 500 股，就放弃加班费，放弃很多收入，就吃亏了。为什么要让干了活的人吃亏呢，干活的人就应该要拿好处，要打的是不干活的人。"

华为的一切经营行为皆围绕着"高利润"来展开。但是它的利润究竟有多大？我们能看到的是，华为总能开出低得不可思议的价格，甚至直接挑战行业游戏规则。它不按照之前的规则去玩，而是创造属于自己的玩法。这是两种被华为做到极致又做出新意的老商业模式：一是超低价，二是核心价值观"以客户为中心"之下的"不打领带的关系"。

在华为崛起之前，电信业就是技术驱动的产业，很多企业投入巨资研发新产品，然后定高价，从中赚取高额利润，最后回收研发成本，再投入开发新产品。等到产品量产和跟随者大量进入后便开始降价，这个时候产品生命周期就已经快速进入末期了，此时企业就开始向市场推广新产品，赚取高额利润……周而复始，形成了一个恶性循环。

华为将这种商业模式比喻为“王小二卖豆腐”。王小二开了一家豆腐店，刚开始卖两块钱一斤，之后有人有利可图，也随之开了第二家豆腐店，王小二这个时候为了客户源，开始降价到一块五，等到三家、四家……越来越多的豆腐店开起来之后，价格一路下降，最后的结果无外乎是王小二豆腐店倒闭。所以说，华为绝对不做“王小二”，它要做的是把国际竞争对手推到“王小二”的位置上去。

华为一直实行的是科学地分配利益，科学地分配利益必须建立科学的评价制度。用任正非的话说就是：“在定性上，确定谁是奉献者，谁是偷懒者；在定量上，要明确每一个人的价值贡献。其中的关键是由人评价人，转向由制度评价人。企业必须通过公正的分配制度，给予不同价值贡献者以不同的回报，并通过回报体系的设计，激励员工的价值创造行为。”

管理手记

华为员工的报酬不能随工龄而增加，它着重强调按贡献拿待遇，只要你贡献没有增加，就不应该多拿；反之，如果你贡献很大，就能领到比你上司还要多的薪水。

根据当期“产粮”多少确定员工基本评价

> 根据当期产粮多少来确定基本评价（KPI），根据对土壤未来肥沃的改造来确定战略贡献，两者要兼顾，没有当期贡献就没有薪酬包，没有战略贡献就不能提拔。
>
> ——华为总裁任正非

任正非在进行内部讲话讲到组织绩效时说：“我们还是根据产粮食多少来确定基本评价（KPI），根据对土壤未来肥沃的改造程度，来确定战略贡献。比如，根据销售收入加优质交付所产生的共同贡献，拿薪酬包；若没有做出战略贡献，便不能被提拔。我们现在的KPI也包含了很多战略性贡献，战略贡献要搞KPI，我也同意，但要单列，战略KPI和销售收入KPI不能一致。将来公司所有指标都要关注到抢粮食，关注到战略指标。”如图8－4所示。

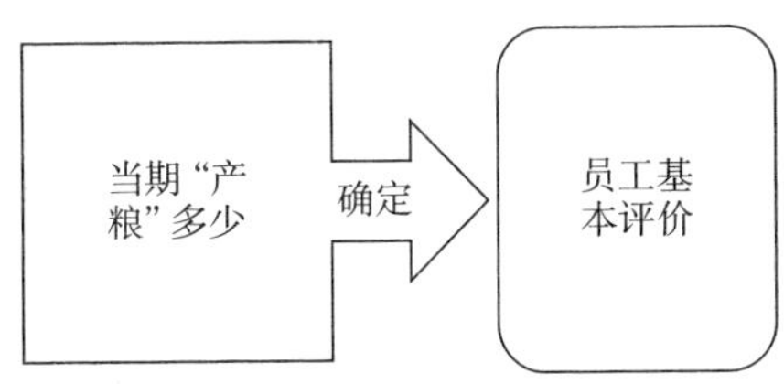

图8－4　根据当期“产粮”多少确定员工基本评价

华为依旧沿用以前的虚拟考核方法。比如：如果华为有68个战略制高地、200多个战略机会点，那么在抢占战略高地的时候不仅要靠能力和策划提升，同时还要靠方法和“不完全靠激励”。

即使做了战略高地，但如果利润依旧呈现负值，即便是乘以任何系数都是没用的，具体的做法就是至少要实现薄利，不要一味地说什么“未来如何赚钱”，就算是未来赚钱，也不能破坏了今天的战略平衡。所以，华为依旧要设定战略目标，要有销售收入浮动的比例。

差异化管理各类人员薪酬

任正非说：“战略机会点攻入进去了，不允许降价作恶性竞争，但是允许多花钱，比如可以派两个少将去。BG重心是销售收入，既想卖东西，又想抢占战略高地，是虚拟考核；区域考核的是盈利和战略，即使薄利，也是盈利。当BG和区域的诉求完全不一致时，由区域说了算。”

根据每个部门不同的当期“产粮”，华为员工的基本评价和薪酬也存在差异化。如果是特殊专业人群当然可以采用特殊的用工和激励方式，像厨师可以拿提成，多劳多得，抢着出单，这样才能促进服务质量的提高。但是，在公司就要像华为一样，逐步实施岗位职级循环晋升，彻底激发各部门争当先进。

具体的做法是：已有的薪酬标准不变，变动个人职级。同时以岗定级，千万不能僵化。要做到未来有少部分优秀人员，在没岗位的情况下也允许有个人职级。这样做看重的是这些人的使命感和创造力。

看其当期“产粮”多少。任正非说：“如果脱岗定级的问题现在找不到合适的方法来操作，就把优秀人员的岗位职级先调整了，然后他自己再去人岗匹配，程序还是不变，这个机制可以叫作‘岗位职级循环晋升’。如原来20级的组织，其中做得优秀的那30%可以转到21级，每三年转一圈，做得好的才动。每年拿30%优秀部门来评价，如果明年这个岗位还在先进名单里，就更先进了，还要涨。落后的没涨，就会去争先进，争先进的最后结果，我们把钞票发出去了，而且主要发给优秀单位。实行全球P50标准工资的人员范围应该还要向下覆盖。当公司出现危机时，不是一两百人就能够救公司的。具体如何操作，扩大到多大规模，我不知道。”

华为是根据当期“产粮”多少来确定员工的评价，看其是否能够升职的。

杜绝员工搞内部平衡

在华为，为了有效适应业务与管理的变化，有针对性地管理企业内部的各类人才，顺利激活各级队伍，将高层干部“洞察客户、洞察市场、洞察技术、洞察国际商业生态环境”的发展要求，改为“洞察市场、洞察技术、洞察客户、洞察国际商业生态环境”。现在整个行业都在发生转变，客户也有可能会稍微落后于我们对社会的认识，华为人要做的是超越客户前进。

华为将来要限制干部“之”字型成长的范围，不强调一定要大流动，甚至有些岗位群不需要具有“之”字型成长经验。而基层员工还需要一如既往地踏踏实实干一行、爱一行、钻一行，只要贡献多，就能多拿钱，这在华为是一直都不会变的。

任正非曾在内部讲话中讲到自己去新疆时的见闻，他说：“最安心工作的是新疆本地员工，他们在公司工作多年，千方百计从北京、广州调回去。因为家在新疆，家里人知道情况其实没有那么危险，这次我还跟他们去逛街、吃大排档。而外地来的员工感受不一样，虽然在前线的人没有觉得那么可怕，但内地的家里人总是很担心，天天打电话施加压力。危险地区可以强调本地化原则，如果实现不了那么多本地化，可以招聘当地的大学毕业生，送到拉丁美洲等地区去培训，然后再返回去。”

华为内部根据当期“产粮”多少来看员工的基本评价，即便有因此而遭淘汰的情况出现，也不等于是坏事，这样才能让他们去重装，去再造辉煌。若只是一味地搞内部平衡，华为也就没有未来可言。

管理手记

根据当期“产粮”多少确定员工基本工资，才能有效地将公司内部的变化、社会的变化和未来的变化结合起来。

重视PBC制定，考核分层、分级、分类

华为人为什么愿意这么玩儿命干？就是“分赃分得好。”

——华为总裁任正非

PBC，即个人绩效承诺，主要是指目标管理的工具，也是绩效考评的有力手段。企业在确保目标一致、明确重点、激发潜能的情况下，其可为绩效评估提供依据。一般来说，其结构应囊括三点，分别是牵引员工关注团队目标、凸显员工个人价值和充分认识自身能力短板，找寻机会予以突破。

1997年华为就全面推行了干部考核与员工计量工作制，要求按能力、业绩及贡献，合理地确定员工报酬。当时的要求就是考核一定要是完善价值分配的基础，不管是谁，在成绩面前人人平等。即使当时华为的考核制度还不够完善、准确，但是公司依旧坚决推行这种方式，同时华为还有一个硬性规定，那就是拒绝考评的干部，将拒绝对其提升。

任正非说：“只有坚持数年，我们才可能产生一个合理的价值评价体系。希望考评体系天然合理，是一种幼稚的思想。各级管理干部都要去坚决推行，在推行中去改良、优化。在推行中，加强各专业干部的建设，提高管理的力度与深度。”

绩效管理发展历程

1997年开始，华为公司为了使自身能够更适应大市场、大系统、大结构，规范职务的命名、职称的评定，实行了自上而下的优化组织结构。随着直线行政管理系统的优化、各专业干部部门的建立以及秘书桥的建设，华为在例行管理上对业务与秘书系统实行有限授权，建立和完善一个好的服务体系。促使华为的行政权力、干部考核与监管、服务体系之间有效地配合，完美地解决直线管理与矩阵管理有机的一体化连接。

任正非说："华为非常重视制度建设，多层次的价值评价体系能够以制度形式确立下来，互相制约，破除人为干扰。"

华为的企业绩效管理主要包括公司绩效和部门绩效。这其中有关员工职位的评价决定其基本工资的走向；员工任职资格决定其职位的晋升；工作绩效决定调薪和奖金；累计贡献决定员工持股等。

截至目前，华为的绩效管理发展历程大体可以分为三段，分别是：1995—1997年的人事考核阶段；1998—2001年的绩效考核阶段；2002年至今的绩效管理阶段。

在第一阶段，华为将考核作为一个单一的过程，其考核内容包括工作态度、能力和业绩三个方面。考核先在市场部进行试点。其目的在于强化管理意识，推动管理观念的普及，最终提高华为的管理水平。

到了第二阶段，华为将考核作为绩效评价的工具，考核内容也开始以绩效为中心，其目的也随之发生变化，主要是强化成果导向，开始推动员工务实和作实，不断提高其工作水平。

第三阶段一直到现在，华为将考核作为目标导向，考核已经变成了一个管理过程，同时新增加了跨部门团队考核的新内容，其主要目的是推动员工在目标指引下的自我管理，形成自我激励和约束机制，不断提高员工的工作效率。

杜绝管理走向形式化

华为在绩效管理过程中，为了保证企业绩效管理工作不流于形式，特别注意了以下几点：

1. 确立严格、科学的考核等级标准。

华为在开展绩效考核时，考核人应根据已设定的绩效目标和员工的实际表现考核员工的绩效。每当一个季度结束时，考核人要根据绩效考核等级来判断员工的实际绩效水平。在年度考核周期的时候，考核人要与员工共同商议，最终确定员工的绩效目标。在这个过程中如果出现等级过多的情，会无谓地加大考核工作的难度，同时不足以对后续激励产生重大影响。所以在当前社会中，很多企业都在做五级考核，而华为只做四级。

2. 保证考核的全面性。

华为制定绩效考核的时候一定会保证考核的全面性，邀请的人主要包括董事长（或授权总经理）、人力资源部及其他各部经理等。同时还要邀请一两个特邀嘉宾，以保证在考核过程中，不会出现单方面的看法和意见。同时还能有效制定与调整绩效考核的政策、部门考核结果的最终审批，以及重大绩效投诉事件的处理。在这其中，人力资源部及各部门经理主要负责绩效考核过程中的具体操作、培训支持等日常性工作。

3. 述职要严格执行。

不管是中层，还是高层管理者，在进行述职时一定要严格执行，述职内容详实，辩驳充分，只有在获得董事会认可的情况下，才能继续履行职责。

华为中基层考核的优点是它把量化的指标和非量化的指标有机地结合起来，这样做能够有效解决很多非量化指标不能考核的问题。华为的绩效管理体系集中国特色与西方特色为一体，很值得企业学习。

4. 华为强制分布考核等级实行。

华为给外界的印象就是严格，进行绩效考核时则更为严格，如果一个团队没有好的绩效，那么经理或者部门绩效奖金将直接停发；如果下属连续两个周期考核 都差，那么主管也要承担责任。

不仅如此，华为对考核结果的执行也有着非常完备详尽的规定，主要是通过制度将考核结果和每个人利益紧密关联起来。比如：员工完不成承诺（即低于80%的完成度），该员工所在的整个团队都将面临以下几种情况：主管降职或免职（强调理由的免职，指责别人会“罪加一等”）；冻结本部门的下年度调薪；被处分的干部一年内不得进行提拔，更不能跨部门提拔；从该部门调出降职使用；副职不能提拔为正职。如图8－5所示。

在这样详尽的规范之下，华为人唯有团队齐心协力，努力提升自身业绩，才能最终获得发展。

表8－1　管理人员绩效考核表

填表日期：________年________月________日

管理人员绩效考核表					
被考核者		部门		职位	
工作绩效					
管理能力					
工作态度					
奖惩事项					
自我评价					
被考核人自我签定：					
上级主管意见：					
总经理审核：					
相关说明					
编制人员		审核人员		批准人员	
编制日期		审核日期		批准日期	

管理手记

华为重视 PBC 制定，同时还强调构建多层次评价体系、以 KPI 为核心的绩效指标体系，着重强调个人绩效承诺，在注重绩效改进和辅导的同时，使绩效考核制度强制分布到系统管理中。

用工资倒推任务：减人，增效，加薪

> 企业最幸福的事情是：考虑员工怎么活下去和如何让员工的生活质量提升，让员工有钱没时间花。而企业最艰苦的事情是：企业低工资的人多，每个人都没事干，员工整天无所事事却没钱赚。
>
> ——华为总裁任正非

很多公司在做预算时，都喜欢给下属安排任务，其实这样的做法很令下属反感，这就等于是“逼着”下属去做。华为只有一个规定：首先给员工一个工资包，他想拿多少工资，之后按比例倒推出他的任务。如图8－6所示。

公司在经营过程中的核心管理问题是，一定要把企业的组织绩效、部门费用和员工收入之间相关联。公司要想发展好，首先要考虑员工怎么活下去，之后还要考虑员工的生活质量不能降低。只有员工有钱却没时间花，才是一个企业成功和最幸福的事情。与之相对，若一群员工一天到晚有时间却没钱，那就是企业最艰苦的时期了。

给核心员工加工资

在华为，有这样一条非常奇怪的规定：必须给核心员工加工资。这是

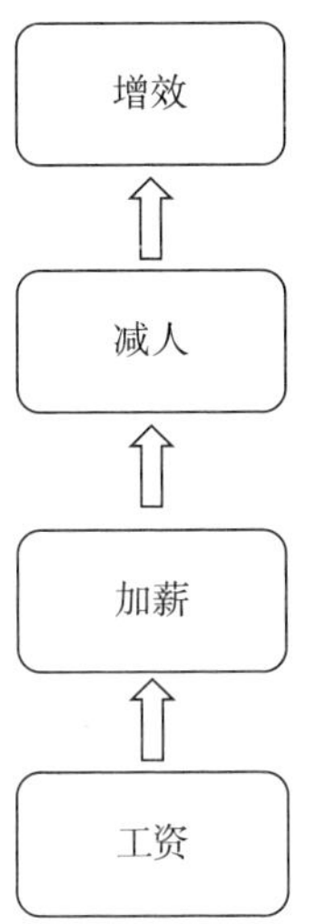

图 8－6　用工资倒推任务

为了能够顺利倒推核心员工完成的任务数量。而且在每年完成任务后，华为还会给前 20 名的员工加 20% 的工资，中间 20% 的员工加 10% 的工资。如果该团队能够超额完成 10% 的任务，就能再增加 10% 比例的员工。除此之外，即使一个团队做得再差，也要适时给其涨工资，当然也可以适当减人。

为什么很多企业的发展没有华为快，因为它们经常犯一个错误：部门绩效越差，就越不给员工涨工资。试想一下，如果工资一直不涨，那么优秀的员工肯定要走，留下来的只能是一些能力较差的员工，部门绩效也会随之更差。

总之，企业要想留住核心员工，就需要给少数优秀的员工涨工资，从而倒推员工的任务，这就是增量绩效管理的关键所在。

任正非说："现在我们要把英雄先进比例保持在 60% ~70%，剩下的 30% ~40%，每年末位淘汰一部分。这样逼着大家前进。第二，敢于花点钱做一些典礼，发奖典礼上的精神激励，一定会有人记住，这就是对他长期的自我激励。美军海军学院的毕业典礼很独特，在方尖塔上涂满猪油，让大家爬这个塔，大家一层层地攻，欢庆这个典礼。华为大学也要构思一个华为自己的典礼形式，不要总是扔帽子。”

绝不养一个闲人

在这个瞬息万变的时代，中国很多传统行业都已经被颠覆。而华为依旧每年保持增长，从 2 个亿做到了 1000 个亿。最为关键的一个秘诀是：在慢跑中推进增量绩效管理。其增量绩效管理的核心在于“减人、增效、加薪”，华为实现了员工下降 50%，人均劳动率增长 80%，销售收入增长 20%。

任正非认为：对于一个企业来说，最好的状态是让企业中的一个人干很多事，不养闲人。比如，如果是 4 个人的活儿，最好能由 2 个人来干，但是让他们拿 3 个人的工资。这其中就涉及一个问题，要减人增效。通过减人增效，可以顺利地实现绩效管理的首要目标。

华为人力资源部经常在定招聘需求时，明确三件事情：为什么要招这个人？他独特的贡献是什么？能不能把这个岗位给别人做，给别人加点工资？

在华为，一个部门经理只能干三年，其第一年的任务就是精减人员，然后将很多岗位合并。企业要想做的和华为一样好，一定要记住两点：一个岗位的职能越多越好，产出岗位越细越好；管理岗位和职能岗位越合并越好。

华为始终坚定不移地推行绩效改进的考评体系，坚决实行减人增效涨工资的政策。随着华为的不断发展，工作总量越来越大，但人员的增长始终低于产值与利润的增长。企业的每一道工序，每一个流程，都要在努力提高质量的前提下，提高效益，否则就难以维持现在的工资。

管理手记

华为的管理秘诀是让一个企业实现员工下降50%，人均劳动力增长80%，而销售收入增长20%。其核心就是“减人、增效、加薪”，企业一定要牢记这6个字。

干部能上能下，工资能高能低，员工能进能出

有活力机制的核心：让雷锋不吃亏，让小人不得志。用制度培养雷锋，让偷懒者受到惩罚。机制有活力的表现：干部能上能下，工资能高能低，员工能进能出。

——华为总裁任正非

一家企业，管理者最怕的是评价机制失衡。企业在吃大锅饭时，容易会出现人心涣散的情况，导致员工竞争乏力，从而很难形成竞争力。所以，评价机制一定要融入企业整个管理的血液中，让能者上，为贤能之人提供机会；让庸者下，保证机体的清洁，同时也在企业内部形成压力机制。

企业发展中股东作为投资者，由于其做出了贡献，所以理应获得回报。对于一个企业的发展来说，员工在其中做出了巨大贡献，所以对于那些做出贡献的人，企业也要保证其都能获益，这样企业才能不断地产生动力。将一切回报都归于股东和员工，使大家共同富裕。华为最伟大之处就是建立起这种共同富裕的机制，让华为的员工在华为发展的过程中同样得到回报。

为员工创造更多机会

任正非说："我们要尊重那些踏踏实实、认真努力、恪守职责，并不

断改进自己工作的老员工，要给予他们多一些的培训机会。他们是我们事业的基础。要帮助他们进行工作适应性调整，使他们在合乎自己能力的岗位上，发挥作用。通过不断改进本职工作，来提升自己的待遇。”

针对一些具体的操作岗位，如财务的账务体系、生产的一些流程等，在绩效改进经过一段时间，改进越来越困难后，华为会专门推行岗位职责工资制，针对员工定岗、定员、定待遇。保证员工的责任心和负责精神不动摇，让他们依旧有着好的晋升通道。

任正非说：“我们要创造更多的机会，给那些严于律己，宽以待人，对工作高度投入，追求不懈改进，时而还会犯小错误和不善于原谅自己的员工。只有高度的投入，高度的敬业，获得改进的机会，才能找到自身的发展。敢于坚持真理，敢于讲真话，敢于自我批判，在没有深刻认识事物的时候不乱发言，不哗众取宠的员工是我们事业的希望。每一位员工都要立足本职，有所作为。那些一心想做大事而连本职工作都做不好的员工要下岗。”

由于华为公司发展速度非常快，在选拔干部时往往来不及认真考核，缺乏足够的时间去检验，最终会导致把一些不合适的人推上了岗位。甚至有的管理者还会因为单纯看学历、报告等，就匆匆忙忙地提拔员工。

针对这部分人，华为认为一方面应该让其利用已获得的机会，努力改造自己和提升自己，将自身完全投入工作，对工作高度负责，使自己能够最终适应工作。如果不能适应，那就需要为其调换职位，或者是积极调整心态，让他们更努力地去争取自己最需要和最适合的岗位。

华为的各级干部，也要时刻提高自己的管理水平，改善选拔干部的手段，对那些不适应的干部要加以关怀，切勿歧视任何员工，顺利推动干部进步的工作。如图 8 – 7 所示。

这样的绩效改革是华为人喜闻乐见的，一名管理人员说：“公司自从

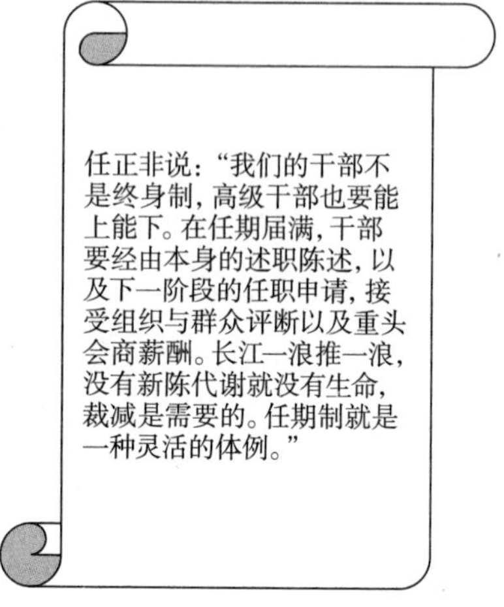

图 8-7　华为的干部不是终身制

实行群众性的、自发但有组织的改进活动以来，处处都在进步。这种春雨润物细无声的风气，正在成为华为人的一种修养与文化。它昭示着未来会从这些小活动中，冒出一大批优秀的管理者。我们为之兴奋。"

能者能上，能者也能下

华为的干部之所以能上能下，是源于以下几个因素：

1. 华为在干部分配上有保障。

在华为，如果你是一位中高级干部，即便你下来了，职位不在了，也丝毫不影响你的股票分红。岗位的变动和收益关系不大。大家上班是为了什么？为了挣钱，既然钱没有多少变化，换职位也就没那么令人惋惜了。

2. 华为招收的都是高知识分子人群。

这样的一群员工，即便做不了干部，又不想做员工，出去发展也都能有所保障，不会因为辞职就无法生活，这也是华为人才密度带来的优势。

3. 这一制度是缓慢推行的。

从 1997 年开始推行，一直实施到现在，华为员工对能上能下都能接受。刚开始实施时，华为选择了低层级的部门做试点，之后慢慢地在整个公司试行。这种变革本质上来讲就是一个改变利益格局的过程。

4. 华为除了管理线之外，还有技术线。

如果你是一名华为的员工，假如你做不了20级的管理者，那么你完全可以应聘专业领域20级的技术人员，这样的职位也有相应的保障措施。

从想要达成到超越绩效目标，只有优秀的人才才可以做到。深知这一点的华为顺利建立起能上能下的职业通道，以便将优秀的人才选上来，将鱼目混珠的人降下去或淘汰掉。同时华为还建立了任职资格体系，为华为能上能下的职业通道打下了基础。

有了能上能下的职业通道后，华为还要求干部要坚持实行责任结果导向的考评制度，主要是用来约束绩效行为。

1996年1月28日，当时包括分管市场部的华为副总裁孙亚芳在内的26位办事处主任同时向公司递交了两份报告：1995年的工作述职报告和辞职报告。

这之后紧接着的就是竞聘上岗答辩，华为根据个人实际表现、发展潜力及公司发展需要进行选拔。当时包括市场部代总裁毛生江在内的30%的干部被调整了下来。就是后来非常著名的“烧不死的鸟是凤凰”的故事。

管理手记

在什么地方跌倒，就在什么地方爬起来，烧不死的鸟才是凤凰，这是华为人看待委屈和挫折的立场和遴选干部的准则，这也直接促使华为在绩效管理中能够保证干部能上能下，工资能高能低，员工能进能出。这也是其他企业应该学习的地方。

机智灵活的第三方监控形式

若是我们形成一种有利于优异人才成长的机制，高速进步的列车不克不及有上有下，那么列车的运行就离开生命的束厄局促，我们必将走在日中则昃的路上。

——华为总裁任正非

在整个华为的满意度体系外，还存在着一个第三方满意度的调查，这是属于华为的第三方监控形式。华为针对内部的绩效管理有着对应的流程进行处理、形成闭环，并且监督解决和落实，形成了一整套闭环的体系。如图 8－8 所示。

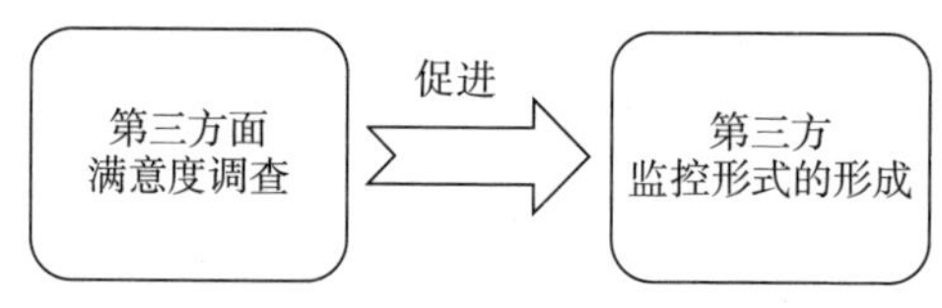

图 8－8　第三方监控形式的形成

真正满足客户需求

华为每年都会分层级开展客户满意度调查和评估，华为企业 BG 高级副总裁薛铭说："第三方客户满意度调查一年一次，业务满意度评估一季度一次，项目结束后客户满意度调查必不可少。华为要从客户视角检验华为是否真正倾听了客户的声音、满足了客户的需求。”

华为每年都分层分级开展客户和合作伙伴的满意度评估。除了华为自己第三方的年度调查外，还会邀请第三方公司做全球的调查，同时为自己评估业务满意度，即对自己的业务团队进行评估。

华为通常是基于每个项目和每个合同关闭阶段的满意度评估，加上出现的问题和投诉等一些事件的调查，全部合在一起共同构成了华为客户与合作伙伴满意度的管理体系。薛铭坦言道：“以后如果碰到一些这样的调查或问题时，合作伙伴们尽管畅所欲言，因为你们的增长才是用来考核华为一线的，而不是你们为他们说了多少好话，所以大家不用担心。”

监控体系的责任

华为在进行绩效管理时，需要经常查看企业内员工的动态情况，这就需要建立一套企业的“仪表盘”，也就是监控系统　机智灵活的第三方监控形式。

稻盛和夫曾说：“只有可衡量，才可管理。”也就是说，一切的管理行为都必须可衡量。那么，华为的绩效管理成绩要用什么来衡量呢？当然是利用可获取的数据建立起绩效管理工作的仪表盘。

要抓绩效管理工作，监控方应该“以终为始”。也就是要从结果出发，看员工和客户是否满意。即便是流程很规范，每次都提前交作业的主管，如果他所带领的团队怨声载道，那么他也是一个不称职的主管。

同时，要让华为的员工统一对绩效管理的认识，华为还发布了衡量主管绩效管理的标准，正所谓一手抓晾晒，一手抓赋能。

监控最重要的一点是抓绩效管理需要进行平时的度量。要知道绩效管理有效性的调查无疑是一个很好的度量手段，在短期内想要看到进步，就要多进行平时度量，如骨干员工月度访谈和 HR（人力资源）参加项目例会等。毕竟，多听多问多看，总会发现问题。

华为的考评虽然都是自上而下的，但也有自下而上的评价和打分，对于得分很低的主管，华为是有权对其进行问责。没有度量，就没有区分；没有区分，就很难有奖惩和改进。所以，进行第三方监控在华为是势在必行的。

管理手记

每打一仗，就总结一次，无论成功还是失败，将可复制的经验和教训不断沉淀和积累，周而复始，一只铁军就会由此诞生了。

CHAPTER 9 第九章　文化讲传承：没有家族的家族企业

华为文化就像企业的“魂”，推动着华为管理的改进与提升。管理制度和规范是在华为文化中酝酿而成的，任何管理制度和规范的制定都不能脱离华为的文化背景。

以客户为中心，以奋斗者为本

什么叫奋斗，任何为客户创造价值的微小活动，以及在劳动的准备过程中，为充实提高自己而做的努力，均叫奋斗。否则，再苦再累也不叫奋斗。

——华为总裁任正非

对于“以客户为中心”，华为的一位高管这样总结道：“以客户为中心不是成天向客户点头哈腰，而是忠实于网络的责任感，完成自己的本职工作。我们首先要充分感知客户的需求，在此基础上予以其最大限度的满足。客户使用我们的设备建网络，我们理所当然地要及时、准确、优质、低成本地交付，并提供最好的服务。而当地震、战乱等极端困难发生时，我们要与客户共渡难关，因为这时候网络最容易出问题。”除了以客户为中心，华为的企业文化还包括以奋斗者为本和长期坚持艰苦奋斗。如图9－1所示。

在华为二十多年的发展历史中，华为人始终以客户为中心，以奋斗者为本，长期坚持艰苦奋斗。任正非说：“我们的一切行为都归结到为客户提供及时、准确、优质、低成本的服务。以客户为中心，道理就不用多说了，没有客户我们就饿死了。”只有为客户服务好的员工，才能成为华为的中坚力量。

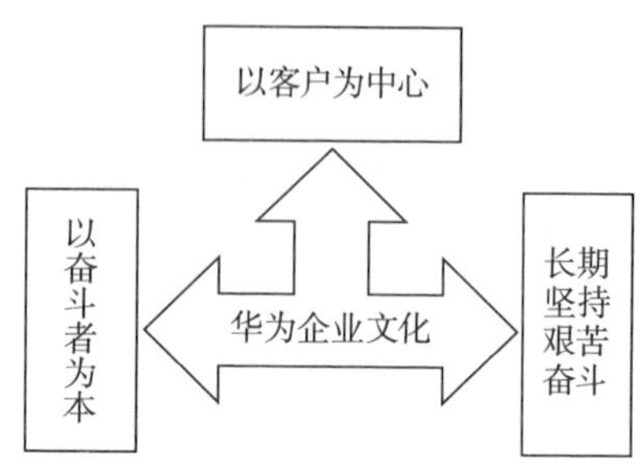

图 9－1　华为的企业文化

同时，华为人还必须长期艰苦奋斗。当你害怕去艰苦的地区工作、害怕在艰苦的岗位工作，甚至最后不以客户为中心时，客户就不会再接受和承认你，那么你的生活也会因此而变得艰苦。

以客户为中心，是华为生存的唯一理由

只要是在公共场合，任正非基本都会向华为人和客户传达这样的观点："客户是华为的衣食父母，天底下唯一给华为钱的只有客户，华为之所以能够活下来，其中很关键的因素就是坚持以客户为中心，并且也只有不断坚持以客户为中心，才能让华为活得更久一些。"

除了说，华为人还着重去做。华为之所以能成为一家名副其实的全球化公司，是因为华为始终以客户为中心。华为的客户来自全球各地，不仅有欧美发达国家，也有亚非拉等落后贫穷国家。这其中许多非洲国家的条件要比中国和欧美等国家差很多，导致华为被外派到非洲的员工不仅会有感染疾病的风险，还会遭遇各种战乱和冲突。但即便是面对陌生的环境和接连不断的战乱冲突，华为人依旧选择和客户在一起。

2011 年利比亚战事爆发，许多欧美知名移动设备提供商纷纷在第一时间选择撤离利比亚，中国政府也快速安排了专机接送在利比亚的华人华侨。当时在利比亚的华为员工知道自己需要面对严峻的人生考验，他们的

内心是煎熬的，对于是选择回到家人身边还是坚守在客户身边，很多人辗转难眠。最终，华为的文化战胜了自身的需求，不少员工选择了坚守，选择了以客户为中心，因为华为员工都知道这个时候网络和通信的安全与稳定对于客户的重要性，既然客户需要，华为人就要做好。因此，华为员工最终留在客户身边，帮助客户确保网络和通信的安全与稳定。

因为华为人的坚守，当利比亚战事结束之后，华为在利比亚获得了远远超越竞争对手的移动通信设备订单。

这就是华为以客户为中心的职业使命感。对此，任正非曾经在2011年华为伊拉克代表处进行的一次讲话时说："我们从事的是为社会提供网络，这种覆盖全球的网络，要求任何时候都必须稳定运行。而我们提供的产品与服务已无处不在，无时不在，无论在缺氧的高原、赤日炎炎的沙漠、天寒地冻的北冰洋，还是布满危险的地区、森林、河流、海洋……只要地球有人的地方，都会有覆盖。我公司已为全球20%的人类提供了通信服务，网络要求任何时候、任何情况下不间断，在这么宽广的地域范围内，随时都会有瘟疫、战争、地震、海啸发生。因此，员工在选择工作岗位时应与家人一同做好风险的控制与管理，不要有侥幸心理。

我们的职业操守是维护网络的稳定，这是与其他行业所不同的。豆腐、油条店……可以随时关掉，而我们永远不能。曾经在安哥拉，当地负责人不请示公司，就背弃了当地政府，背弃了运营商及合作伙伴，私自撤离，酿成大错。事后多年，当地政府坚决拒绝华为再进入安哥拉，为此我们付出了巨大的代价才得以重返。任何事业都不是一帆风顺、布满鲜花的，我们选择的职业，是有一定责任的，而期望担当重要职务的员工，责任更加重大。我们所有的干部，要如解放战争期间的利比亚人一样，'冲锋在前，退却在后；吃苦在前，享受在后。'我们的各级骨干，应当做这种选择。"

正是因为华为人的这种职业责任感，华为成为目前全球唯一一家在利比亚坚守的移动设备提供商。

把以客户为中心变成员工自主行动

任正非说："人性都是懒惰的，谁不想舒舒服服。"很多人会觉得我们玩命把企业做大，但是一旦企业做大，内部的文化也会随之变质。很多员工会觉得公司给自己的股份少了，晋升也变慢了，同时工资也给得少了，觉得这是公司亏待自己的表现。这些都是企业内部文化传承没有做到位的现象。

任正非在华为讲述企业文化时，嘴边经常挂着三句话：第一，以客户为中心；第二，以奋斗者为本；第三，长期坚持艰苦奋斗。他说："这就是华为成功的秘诀。"

华为为什么要奋斗？因为华为是一家国际化的公司，华为当地员工在市场上占 70%，所以华为在国外更应将企业文化传承下去。

华为坚决淘汰那些眼睛看着老板，屁股对着客户的人，这样做的员工只会是企业大厦的拆厦者。客户利益得不到满足，企业何谈长期发展。

对于华为来说，以客户为中心不是一条标语，而是要将其贯彻下去，通过制度、流程变成每个人自主的行动。二十多年来，华为靠着任正非的这三句话走到了今天，并且还能顺利地走向未来。

管理手记

客户第一，以客户为中心。华为超越竞争对手的全部秘密就是三句话：以客户为中心，以奋斗者为本，长期坚持艰苦奋斗。

用制度培养优秀企业文化

> 华为的企业文化是什么？按任正非的解释：华为文化是包容性的洋葱头，不断吸纳别人优秀的文化强大自己；华为文化是电影《可可西里》和残疾人表演的《千手观音》，归纳为八个字“追求完美，无私奉献”，这就是华为主张的文化。
>
> ——华为总裁任正非

华为公司是一家以奋斗者为本的公司，其确定的是以奋斗为主题的文化。因此，华为公司所有制度和政策都是以“奋斗”来定位的，不能奋斗者就不是华为人，就要被淘汰。

华为为帮助企业的员工不断超越自我，建立起各种培训中心，通过制定企业的制度，在华为内不断地贯彻公司战略意图、推动管理进步和干部培训。任正非认为制度培养是华为公司优秀企业文化形成的基础，也是华为通向未来和明天的重要阶梯。

用制度使华为文化生生不息

不管在何时何地，物质资源终会枯竭，但文化却能生生不息。对于华为这样一家高新技术企业，没有什么都不能没有文化，只有文化才能支撑企业不断向前持续发展。任正非说：“华为的文化就是奋斗文化，它的所有内涵，都是来自世界的、来自各民族的、伙伴的……甚至竞争对手的先进合理的部分。若说华为有没有自己的核心文化，那就剩下奋斗与牺牲精神算我们自己的了，其实奋斗与牺牲也是从别人那里抄来的。有人问我，你形象地描述一下华为文化是什么。我也不能形象地描述什么叫华为文化，我看了电影《可可西里》，以及残疾人表演的舞蹈《千手观音》后，我想他们的精神就叫华为文化吧。”

对于华为的新员工来说，要想快速融入华为文化，需要经历一个艰苦的过程。华为的每一位员工都要积极主动和脚踏实地的在过程中不断去领悟企业文化的核心价值，直到认同、消化并接纳华为的价值观，使自己成为一个既认同华为文化，又能创造价值的华为人。对于华为来说，只有每一批新员工都尽早地接纳和弘扬华为的文化，才能促使华为的企业文化生生不息。如图 9－2 所示。

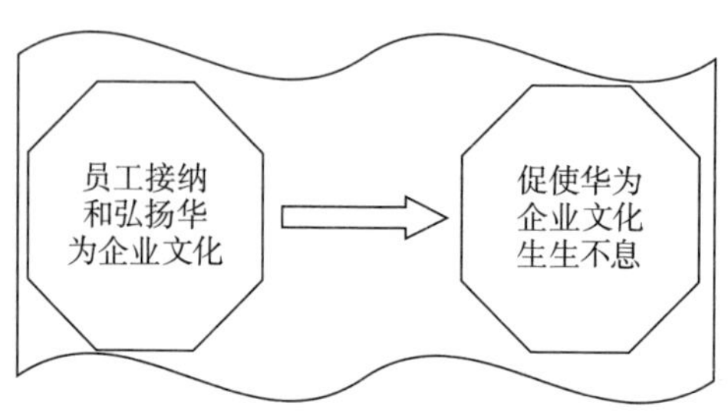

图 9－2　企业文化如何生生不息

成熟企业文化的形成，不是一朝一夕就能够做到的，需要经历长年累月的沉淀和塑造。任正非在华为有效培养企业文化，将华为的思想和文化具体体现在企业制度和行为准则上，华为通过制度引导员工的工作规范、行为方式、价值观念等，逐步完善对华为企业文化型体的塑造，让华为的精神文化和制度文化达到统一，培养出了整体良好的氛围。

由此可以看出用制度培养优秀企业文化的重要性。如果没有良好的制度或机制来支撑和引导，华为的管理层和员工层就很难形成沉淀下来的行为习惯和意识，更不可能打造华为的企业文化了。

企业因文化的不同，制度也不可能是千篇一律的，像华为刚开始是用“狼性文化”和“床垫文化”等来培养一批又一批员工；等到华为发展到一定阶段后，开始实行的是服务文化，把客户当作“上帝”。作为华为人必须认真对待每一道工序和每一个客户。任何时间，任何地点，华为都意味着高品质。企业只有找准自己的脉搏，才能形成适合自身的企业管理机制。

华为文化传递来自制度

华为的文化传递不是来自于任正非一人，而是来自于整个制度。毕竟一个人的力量是有限的，但制度是没有边界的，制度如果制定好了，不管是多少人都能很好地使企业文化落地。通常而言，企业想要传递文化制度、企业的制度，同时保障企业的高层以身作则，通过制度指引，保证全员普及传承，需要做到这四点。

1. 建立企业的制度。

华为在建立企业制度时，主要是把华为向往什么、追求什么、主张什么、反对什么、这几点通过制度表现出来。让员工认同华为文化的同时，还能针对不同层级的员工来做管理，统一牵引华为内部员工朝着华为向往的方向发展。

2. 以身作则的高层。

任正非在管理华为的过程中，一直都要求高层要以身作则。上梁不正下梁歪，高层管理人员如果不认同企业文化，就无法要求下属的员工。华为以任正非为代表的高管，以身作则，这也是华为企业文化的一个重要部分。

任正非以身作则有一个典型的事例，这件事他做了八年之久，就是他在每个月月底都会把自己的手机通话记录打印出来，然后一个一个分析，哪些是能够报销的，哪些是因为自己的私事不能报销的，分得十分细致。

3. 通过制度指引。

企业制度，要保证华为的文化能够落地，为华为文化提供强有力的支撑，记录各种基本的行为准则。这些行为准则，例如着装、坐电梯让客人先行、让女士先行等是华为人最基本的规范。通过这些能够保证企业文化得到有效传承。

4. 全员普及传承。

华为的文化主要靠文化制度传递，而不是靠人传递。华为文化的普及传承不仅仅是靠一个基本法，也不是只靠老板的以身作则。华为的文化传承，靠的是制度杠杆，利用制度迫使每个华为人“有文化”。想要做到全员普及、文化传承，就需要依靠华为的劳动态度考核，并形成一个机制。

人力资源最基本的出发点是利益，只要你关注利益，就有改变你的手段。所以，华为人要想获得利益就不得不关注华为文化。

管理手记

华为的企业文化推动全体员工往前冲，为企业，为自身都带来非常好的收益，所以华为一直坚持用制度培养优秀的企业文化。

华为文化是考核出来的

华为的文化是考核出来的，不是弘扬出来的；不是培训出来的，而是给逼出来的。

——华为总裁任正非

企业经营的最终目标是为客户创造价值，实现自身商业的成功。企业间的竞争，说穿了就是管理竞争。企业要想践行和传承企业文化，就必须保证干部的使命与责任达成，也就是企业要以文化和价值观为核心，管理价值创造、价值评价和价值分配，带领团队持续为客户创造价值，最终实现企业的商业成功和长久生存。

想要做到这些，需要华为人通过制度的考核，使华为内部的每个员工都能真正认同文化。在劳动态度考核上，华为是一视同仁的，上到老板，下到基层员工，都毫不例外。

建立一种有利于人才成长的考核机制

任正非说："我们的干部不是终身制，高级干部也要能上能下。在任期届满，干部要通过自己的述职报告，以及下一阶段的任职申请，接受组织与群众评议并重新讨论薪酬。长江一浪推一浪，没有新陈代谢就没有生命。必要的淘汰是需要的，任期制就是一种温和的方式。"

也就是说，干部是需要通过考核的。只有考核才能促使企业内江山代有才人出，一代代去巩固企业的文化。在华为，不能说每一个干部都能够在岗位上持续发展，但是老一代退下去却是非常普遍的情况。华为建立了一个机制，对于干部来说，你跟不上，你的职位就会被调整下去，职位虽然调整了，你的股票却不会动。如图 9－3 所示。

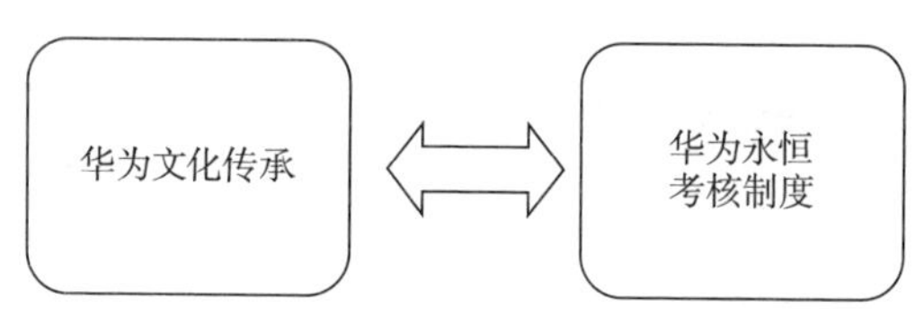

图 9－3　华为文化是考核出来的

这样就能够形成一种有利于优秀人才成长的机制，促使企业在高速前进的列车上运行得当，不会脱离束缚。企业制度制定之后，干部需要进行考核，这样能促使所有干部紧抓价值观的传承，即干部自己首先要理解企业文化。

在企业中，领导者最重要的才能就是能够影响文化，高层次的文化感染能够促使文化传承下去。如果高层领导或是各级干部自身都没有理解企业文化，那么传承下去的是什么就不得而知了。任正非说："我希望我们整理的人力资源管理纲要、业务管理纲要、财经管理纲要，通过讨论碰撞和头脑风暴，用三五年时间在全公司发酵，发酵的时间长了，我们就能做出一壶好酒。"

潜移默化企业文化

在华为，任何一个员工都要遵守华为人的行为准则，而作为干部则除了要发扬这种企业文化，还要有所创造。一般情况下，人都是受动机驱使的，企业的干部如果完全利用这个动机去驱使员工，员工就会变得越来越斤斤计较，相互之间也就没有团结协作可言了。

由此可见，发扬企业文化精神是十分重要的，文化的作用就是在物质文明和物质利益的基础上，使员工超越基本的物质需求，去追求更高层次的需要，追求自我实现，这样能够把员工的潜能充分调动起来，在追求的过程中，员工通常会选择与人合作，在合作的过程中赢得别人的尊重和承认，同时，一个好的团队建设的基础也会就此形成。

企业文化建设通常是建立起一个思想统一的平台，在此基础上，华为通过实行权力再分配，使企业发展得越来越好。反之，如果没有达成企业文化共识，那么他实施权力下放后，企业团队之间没有好的合作，分崩离析也就近在眼前了。

作为企业，如果想要保持内部员工的高度团结与统一，需要赋予员工共同的价值观和认同观，也就是目标一致的人一起奋斗能够更快取得好的结果。任正非说："我们要坚定不移地用经济杠杆来撬动公司的发展，用价值评价规律来牵引文化认同。我们的各级干部组织要面对现实，承认现实，热爱现实。如果思想的基础和现实的手段相矛盾，就可能会带来某些冲突，所以我们公司的理念要和现实一致。在这个举措中，可能有一些员工不满。面对这些改革，干部要在员工中起到稳定剂的作用，通过对自己的严格要求带动周边员工对公司政策的理解和认同。干部要帮助公司了解员工，更重要的是要帮助员工去理解公司。"

管理手记

华为的企业文化承载了其核心价值观，使得华为的客户需求导向战略能够层层分解，快速融入所有员工的各项工作之中。任正非不断强化"为客户服务是华为生存的唯一理由"，提升了华为员工的客户服务意识，传承了华为的优秀企业文化。

关键事件法推动考核进行

> 华为在劳动态度考核上使用的是关键事件法，不是靠主管打分，而是用关键事件来推正你是否有这个非常好的考核。
>
> ——华为总裁任正非

所谓的关键事件法，是通过被评人在工作中极为成功或极为失败的事件的分析和评价，来考察被评价者工作绩效的一种方法。从中可以看出，某一工作的关键事件是在有效工作和无效工作之间造成差别的行为。这些事件由主管在员工工作时记录在案，并为绩效评定提供一个以员工行为为基础的出发点。很多人会说，不同的被评价者，其关键事件就不能直接比较，想要达到效果，需要事先由人力资源专家准备一些标准化的关键事件作为参考。如图 9 – 4 所示。

考核的最终目的是让员工回报和付出对等

在华为，关键事件法推动了企业文化的考核。在华为，一个季度考核一次，一年就需要考五次。第五次考核是总评，总评会得出一个总分，这个总分说明的是员工当年在工作中的劳动态度。

在华为，每个员工的考核结果都和退休金挂钩。华为人的退休金来源不是取决于员工的工龄，而是取决于员工劳动态度考核的结果，取决于员

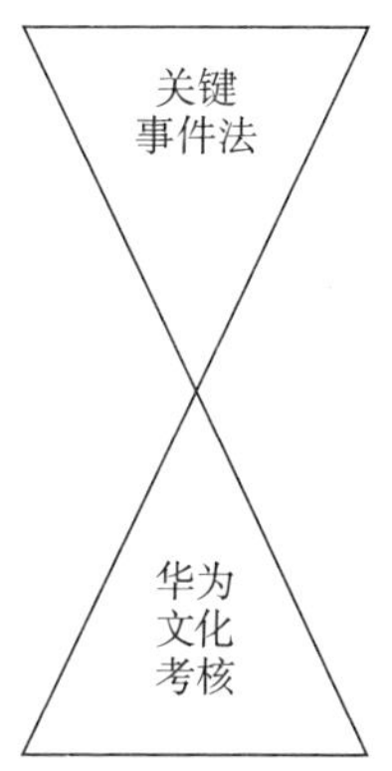

图9－4　关键事件法推动华为文化考核进行

工的晋升速度。华为的这种考核是直接与员工的个人利益挂钩的，同时也是确定来年员工工资、奖金和股份的关键。

很多人不认同这种考核制度，认为华为这种企业文化是不合适的，但有一点是大家都认同的，那就是华为的这种企业文化会考核促使华为员工更加努力地为华为创造更多收益。

华为文化考核的最终目标是为了使奉献者能够得到合理回报，同时也让偷懒者无处可逃。华为用制度来培养自己的企业文化，而不是只用道德和说教。

因此，在这样的机制下，即便很多人不喜欢，甚至有可能憎恨华为文化，但依旧会用心在华为工作，因为不会有人憎恨退休金，也不会憎恨公司给予的奖金和股份。而华为的文化支撑大多来自于制度、奖金和股份。

我们不评价华为企业文化的好与坏，只说一点，那就是不管在任何时候，华为文化都不会让为企业创造利益的员工吃亏，员工得到了自己想要的，就会在一线为客户玩命地工作。

好的制度要有好的执行

在企业文化中，标杆人物和形象的树立对于企业形成优秀企业文化传承起着非常大的作用和影响。在企业中，上到企业层面，下至部门单位，如果有一个标杆人物，其所折射出的优秀者光辉会不断向员工展示一种“正能量”，让员工明白只要自己努力工作，也会成为标杆，也能获得荣耀，促使企业员工更好地为企业发展服务。

标杆人物的形象和事件能够间接体现出企业的责任、义务和使命。标杆人物的形象和事件会成为企业文化乃至品牌的缔造者、传承者和完善者。

1985 年，海尔内部出现了“砸冰箱”事件，就是这个“砸”，让当时在场员工的心中认同了一种质量意识，并以此造就了现在世界闻名的海尔品牌。

在华为也有过相似的事件。那是发生在 2013 年 1 月，当时华为消费者 BG 和企业业务 BG 两位 CEO 因为没有达到年初的个人承诺被颁“从零起飞奖”，也因此其他与之相关的责任董事和高管同样被取消了年终奖。当时的华为 6 位董事会成员，包括董事长孙亚芳、总裁任正非、CFO 孟晚舟等，都主动宣布放弃奖金。

从中可以看出，华为特有的员工激励机制，类似于企业中的标杆人物，不同的是这些人都是华为内部举足轻重的人物，从中折射出了华为高层敢于承担的大度情怀，这些也在不断地推动企业文化考核的进行，当这种行动与华为企业文化“胜则举杯相庆，败则拼死相救”相通时，华为企业内部产生的共鸣就可想而知了。

在华为，从一个新员工跨进公司的那刻开始，他就会无时无刻地透过公司环境、同事的精神面貌、工作方式方法和与人交流沟通的感受等来学习企业文化。短期的氛围熏陶会让员工逐渐接受华为的文化和制度，影响其行为准则和心智模式。在这个过程中，好的标杆人物会对新员工进行言传身教，其影响是非常巨大的，制度是无声的，有形而无心，标杆人物的一言一行能够让制度变得更加具体，让企业文化在不知不觉中进行传播。

管理手记

华为不仅仅用道德和说教来培养企业文化，还用制度来培养优秀的企业文化，因为只有相信制度的力量，才会有优秀文化的力量，才能使得企业文化顺利得到传承。

同甘共苦，荣辱与共

团结协作、集体奋斗是华为企业文化之魂。

——华为总裁任正非

华为一直有着这样一个理念，成功代表着集体努力的结果，失败则意味着集体的责任，华为人从不将成绩归于个人，也绝不把失败视为个人的责任，他们认为一切都要由集体来共担，大家同甘共苦。

在工作中，华为的管理层和普通员工虽然存在一些差异，但除此之外，大家都是一样的。即便是华为的高层领导也不设专车，吃饭和看病同样需要排队和付同样的费用。

对华为人来说，任何个人利益都必须服从集体利益，要致力于将个人努力融入集体奋斗之中。只有荣辱与共、自强不息，才能拥有“胜则举杯同庆，败则拼死相救”的团结协作精神。

推行利益共同体

在任何时候，企业代表的都是一种功利组织，企业是为谁谋利益的问题必须得到有效解决，不解决就有可能导致企业没有未来。因此，企业需要奉行利益共同体原则，使客户、员工与合作者都能获得满意的结果。

多赢的利益共同体理论使华为在管理中形成了一种最具有特色性、并延伸至企业管理诸多方面的管理理念。使华为在公司内部建立起与员工之间的“利益均沾”的分配机制。将企业的整体利益与员工的自身利益紧密结合起来，使员工的利益与公司的利益紧紧捆绑在一起。

在公司外部，华为也展开了与客户之间“利益均沾”的合作。在“华为基本法”中这样写道：“我们将按照我们的事业可持续成长的要求，设立每个时期的合理的利润率和利润目标，而不单纯追求利润的最大化。”

任正非说过：“通过使客户的利益实现，进行客户、企业、供应商在利益链条上的合理分解，各得其所，形成利益共同体。我们毫不怀疑，这样的方式在当时的社会环境和市场条件下，对促进华为产品销售所发挥的巨大作用。这么多年来，不单纯追求利益最大化，而考虑的是把市场做大，让合作方得到合理的回报，以利益共同体来促进命运共同体的形成，从而实现事业上的结盟，是华为成功的秘诀。”如图 9 –5 所示。

图 9 –5　华为成功的秘诀

同甘共苦

华为人一直以来种有着这样一个理念：成功是集体努力的结果，失败则需要集体承担责任。华为人从来都不会将成绩归于个人，当然也决绝不把失败视为个人的责任，大家要一起同甘共苦。当然，有的时候在工作中，华为的管理层和普通员工之间还是存在一些差异性的，但除此之外，华为人都是一样的。

在这一点上，任正非首先以身作则。作为一个创始人和公司管理者，出行不坐头等舱；在机场自己拖行李；没有任何随从跟随着去挤周转车……从任正非这些行为可知，在华为中，即便你是高层领导也不会给你设专车，吃饭和看病同样要和员工们一样需要排队和付同样的费用。

华为人常说自己在华为的生活像“激情燃烧的岁月”一样，只要翻开华为的宣传资料，就会发现自己好像又回到了战争年代。基本上大家对华为的了解都是通过类似于“狼文化”“床垫文化”等。即便是现在，军事训练也是华为新进员工的必修课。

之所以这样做，是因为华为希望全体员工都能在工作中雷厉风行，服从组织并拥有开阔的政治头脑。所以华为通过利用各种管理方法和制度，让企业文化理念在员工身上落地生根，刻骨铭心，令行禁止。

作为曾经在华为工作了整整十年的老员工，黄灿曾回忆说：“在华为的十年里，血脉里燃烧的全是被老板点燃的干劲与热情。在那种氛围里，我们变得很单纯，除了工作就是工作。”正是因为有这种企业文化，才能促使华为内部的员工团队精神非常清晰。

管理手记

在华为中，无人能够享受特权，华为人始终坚持人人平等，同甘共苦，荣辱与共。对华为人来说，任何个人的利益都必须服从整个集体的利益。

再强大的狮子也招架不住一群狼

狼与狼之间的默契配合成为狼成功的决定性因素。不管做任何事情，它们总能依靠团体的力量去完成。

——华为总裁任正非

“狼性文化”一直是华为提倡的“一线文化”，任正非认为，即便再强大的狮子也招架不住群狼的攻击。狼群以良好的嗅觉、敏捷的反应和发现猎物集体攻击的鲜明特点被人家所熟悉，这也是任正非极力推崇的。华为在这么多年的发展过程中，始终认为市场就是核心竞争力，“客户选择我而不选择你，就是竞争力”。华为的“狼性文化”，并非强调残忍和反人性，而是狼的其他一些品质和秉性。如图9－6所示。

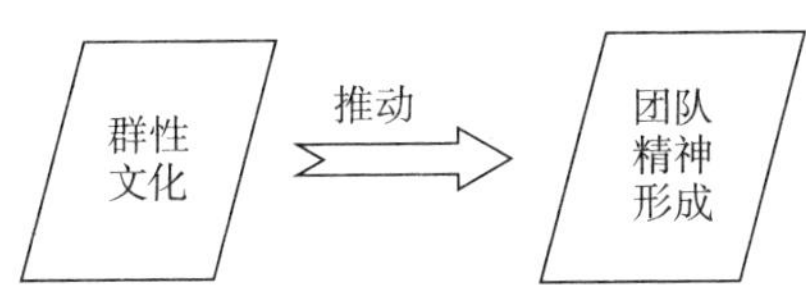

图9－6　“群性文化”推动企业团队精神的形成

因此，华为中有着成千上万的一线营销人员前赴后继，以华为人独具特色的“狼性”在前线冲锋陷阵，伴随企业成长，为华为的迅速崛起立下汗马功劳。

华为的“狼性文化”

任正非在《致新员工书》中写道：“华为的企业文化是建立在国家优良传统文化基础上的企业文化，这个企业文化黏合全体员工团结合作，走群体奋斗的道路。有了这个平台，你的聪明才智方能更好发挥，并有所成就。没有责任心，不善于合作，不能群体奋斗的人，等于丧失了在华为进步的机会。”

在华为的“狼性文化”中，首要之义取的就是狼群敏锐的嗅觉，指的是危机感、远见与设计感。曾经有位国企的老板问任正非，为什么华为在短短二十多年的时间里就能成长为国际化企业？靠的是不是低价战略？任正非的回答是：“我们采用的是高价。”对方更是不解，追问他：“那你凭什么打进了欧洲？”任正非说：“是靠技术领先和产品领先，重要因素之一就是数学研究在产品研发中起到的重要作用。”

在华为，任正非对于技术的追求有着敏锐的嗅觉，在华为创立不久后，任正非就建立了由一批俄罗斯顶尖的数学家组成的华为研究所，正是有了这些外籍科学家，才为华为的发展研究出了3G技术和企业网产品。

任正非说：“中国的玄学、哲学是很有意义的，它塑造和影响了中国人的思维方式，这也使得中国在未来的虚拟时代大有可为。所以，在IT和互联网行业，中国是大有前途的，中国企业是大有可为的。”

任正非在任何时候总能摸准产业的脉搏，对于现代市场近于“血腥”的利润或者说是“血腥”式的寒冷他也都能提前感觉到，他不仅倾其初期积累的8000万元投入到大型程控交换机的研发中，同时还在业界率先做出“冬天”的预言。

对于华为来说，一部“华为基本法”成为华为发展史上具有转折性的里程碑。任正非以自己一贯的“狼性”敏锐嗅觉摸着石头为华为的发展探出了一条独一无二的“华为特色”道路。这条道路主要是以高度的政治思想对企业管理中的每一个细节进行系统规范概括，将企业文化提升到法理的高度，这条道路不仅指导华为当时和现在的发展，同时也指引华为未来的发展。

做靠团队取胜的“群狼”

“狼性文化”的第二个定义，是不屈不挠的进取和奋斗。

任正非说：“企业经营要警惕所谓的‘狮子文化’‘老虎文化’——老虎是百兽之王，今天却成为人类保护的对象，是因为高贵的基因是稀缺的，所以王者就成了濒危动物。”

华为在创立不久后，就将个人英雄文化加以改造，使之自然演化成为群体英雄文化，也就是把华为内部的“狮子”和其他动物一起变成了“群狼”，使华为内部出现了具有凝聚力和类似于军队的族群，在听到召唤之后能够迅速集结，进入战斗状态。

1996 年，号称为华为打下江山的以孙亚芳为首的市场部全体人员主动辞职，开启华为重新竞聘上岗的改革之路。这次改革在华为内部被称为“再创业运动”，最主要的一个目的就是为了保持华为人的进取精神，保持中层干部队伍的“狼性”。在这次改革中，一些人离开了华为，而留下来的人则更具开拓和创新精神，在岗位上更有拼尽，为华为创造了更多的财富。

2000 年，任正非在“集体辞职”4 周年纪念讲话中，对 1996 年以孙亚芳为首的那次历史事件给予了高度评价：“市场部集体大辞职，对构建公司今天和未来的影响是极其深刻和远大的。任何一个民族，任何一个组织一旦没有新陈代谢，生命就会停止。如果我们顾全每位功臣，那么就会葬送公司的前途。如果没有市场部集体大辞职给华为公司文化的影响，任何先进的管理，先进的体系在华为都无法生根。”

正是这种“群狼”文化，让华为所有员工始终不敢有一丝一毫的松懈，不努力向前，就会被后来者所取代，就会下岗。于是就有了华为全体员工的主动作为，为华为的快速成长注入了强大的活力。

管理手记

华为人秉承着绝不做稀缺的狮子老虎，而是要做靠团队取胜的“群狼”的理念，利用团队这个工具，在工作中齐心协力，不为一丝一毫的得失斤斤计较，始终想着团队大目标的实现，顺利地完成团队任务。

CHAPTER 10 第十章 生存讲危机："唱反调"的蓝军参谋

危机管理就是居安思危，未雨绸缪。在华为，居安思危已经深入任正非的骨髓，未雨绸缪则成为其做事的首要原则。危机管理正是任正非管理理念中的一个鲜明特点。

危机意识，绝不做“温水中的青蛙”

华为老喊“狼来了”，喊多了大家有些不信了，但“狼”真的会来的。

——华为总裁任正非

大家都听过温水煮青蛙的故事。任正非用这则故事让华为人为戒，明白在企业的经营过程中要时刻树立危机意识，绝不做温水中的青蛙。美国《危机管理》一书的作者菲特普对财富500强的高层人士进行过一次调查，在这次调查中，他发现高达80%的被访者认为：现代企业不可避免地要面临危机，这就像是人不可避免地要面对死亡。这其中14%的人则承认自己曾面临严重危机的考验。

对于企业的管理者来说，危机就像死亡和纳税一样是管理工作中不可避免的，所以必须随时做好准备迎接危机的到来。

“狼”总是会来的

几年前，在中国电信制造商中，“巨（龙）、大（唐）、中（兴）、华（为）”四家并驾齐驱，代表了中国本土电信制造业的水平。时至今日，华为早已远远走到了前面，为什么华为能够从中脱颖而出？关键的因素就在于华为的危机意识。

创业伊始，任正非就以“狼”来形容华为的个性。他认为：“狼有很好的危机意识，有敏锐的嗅觉，习惯团队作战，能够发现机会并且死死咬住，不会轻易放弃。”所以他希望华为人都要有狼的危机意识。他的做法是正确的，创业经历过十年后，华为这只“土狼”学习和善变的能力就让对手感到非常吃惊，这种能力让任正非和华为充满了自强不息的活力。

在华为高速发展的时期，华为员工士气高涨；到了2000年年底时，任正非直接抛出了“华为的冬天”一说，他认为企业发展得越好，就越要有危机意识。他振聋发聩地提出：“公司的所有员工是否考虑过，如果有一天，公司的销售额下滑、利润下降，甚至会破产，我们怎么办？我们公司太平的时间太长了，在和平时期升的官太多了，这也许就是我们的灾难。泰坦尼克号也是在一片欢呼声中出的海。”如图10－1所示。

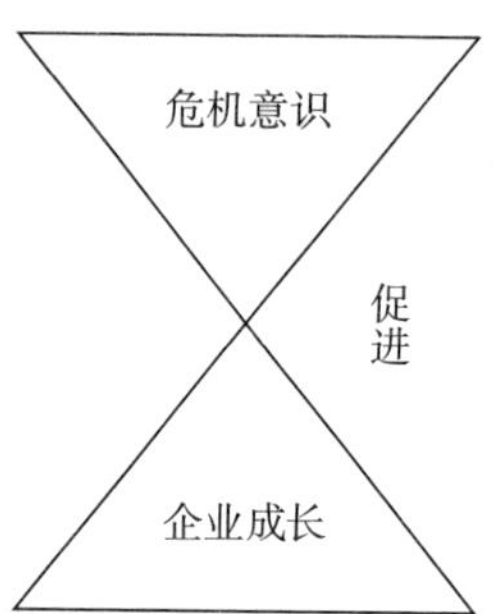

图10－1　危机意识促进企业的成长

对于任正非大喊“冬天来了”，当时很多华为员工都认为这是危言耸听。面对这种局面，为了矫正员工的观念，任正非采取了各种强化“危机意识”的活动。

刚开始，任正非召开全体员工大会，在大会上发表了《华为的冬天》的演讲，着重强调了危机迫在眉睫。等到会议结束后，任正非又要求华为各个部门都要组织讨论，同时他特意安排了三个讨论主题：“你对公司所面临的危机有什么认识？你的部门、科室有什么危机，还可以改进吗？我们还能再提高人均效益吗?"

任正非还把《华为的冬天》一文发表在《管理优化报》上，组织华为各部门员工认真学习。

没有危机感的企业终会无法生存

靠着任正非的不断努力，华为的危机感一直非常强。因此，使得业界一直都流传着"在华为工作压力很大"的说法。但试想一下，当你身处变幻莫测的 IT 行业，没有危机感的企业要如何去生存?

中国从 2001 年开始加入 WTO，这些年来似乎也没有什么大的变化。但是只要你注意观察，就能发现 WTO 给中国企业带来的变化如同正在缓慢升高的水温：比如亚信的 CEO 张醒生是从爱立信中国总裁的位置上来的；比如不少跨国公司的中国总部正在"升格"为"亚太总部"；比如用友的 CEO 何经华是从宏道（Broad Vision）亚太总裁位置上来的等。这些事情会一再地提醒你，当你发现联想正在发起一场以变化其 CI（Corporate Identity）标志为起点的国际化改造，而 TCL 也已经完成了一个股权改造工程的时候，你就会明白：所有这一切都不过是"温水煮青蛙"。

当水温不断升高的时候，作为一只"青蛙"你如果不赶紧跳出来，等待你的将是死路一条。但是如何跳？关键要在水温还没有将自己"麻木"之前，以一种积极而不是抗拒变化的心态来实现自我变革。

企业家在前不久还一直在谈论 IT 业什么时候可以快速恢复。时至今日，谈论更多的是冬天会持续多久，谁将在这场洗礼中生存下来？华为始终认为只要有着更强的危机感，就能够有更充分的准备，即便是再寒冷的冬天也毫不畏惧。

戴尔在很多人看来是不折不扣的"暴发户"，而戴尔总裁迈克尔·戴尔在总结自己"如何管理 30 亿美元的公司"时这样说："大多数公司的发展和成熟的脚步都比我们慢许多，但他们在规模尚小的时候所学到的基本程序，我们这时候必须回头认识。”也正是因为他有着这样的认识，最终获得的结果是：戴尔转移重点，从向外发展转为加强公司内部，现在的戴尔在他的领导下已经“从一个万事不分的公司，发展成为一个在检验损益表时，拥有超过 400 种不同分析法的公司”。

由此可知，企业家要学会把自己的主要精力放在抓住机会之后的持之以恒上，而不是放在抓住各种重大的获利机会上。就像沃尔玛的创始人萨姆·沃尔顿总结的一样：“许久以来，人们总觉得沃尔玛一夜成名是靠伟大的点子，但它其实是我们自 1945 年以来所有努力的结果，像大多数骤然成功的例子一样，我们足足奋斗了半个多世纪。”

凭借危机意识加坚持不懈，相当一批中国企业家“跳出温水”。在华为，有这样一则美国渔民的故事：美国某地的渔民，以前过着很惬意的日子，他们有着装备很好的大船，市场上也没有竞争，以致他们有很好的收入，可以过三天打鱼两天晒网的悠闲日子。可是好景不长，美国的渔业吸引了越南渔民的注意，他们相继来到美国。初期他们只有简陋的装备，所以获得的产量很少，但他们不分昼夜地工作终于换得了市场上一席生存的机会。就这样，几年以后，越南渔民用积攒的钱买了装备很好的大船，加上仍然不分昼夜地辛勤工作，最终的结果就是美国渔民彻底失了业，被淘汰出渔业市场。

管理手记

正因为华为有了危机感，才使得它在危机来临前能及时做好准备，化危机为机会，更加勤奋地工作，并不断按客户的需求总结修正前进的方向。

泰坦尼克号是在欢呼声中沉没的

华为存在的问题不知要多少日日夜夜才数得清楚……华为的冬天正在到来，各种机制、管理等正面临危机，已经到了不得不调整、改革的地步。

——华为总裁任正非

任正非始终认为生于忧患，死于安乐。所谓的华为发展史，其实就是一部"危机管理史"，同时还是一部"自我批判史"。任正非说："华为的成功在于核心价值观的坚守与胜利，但核心价值观的维持，依靠的则是自我批判精神。"

也正是因为有了危机与恐惧推动自我批判，才造就了华为的伟大。在过去二十多年的奋斗中，任正非天天假定华为明天会垮掉，居安思危，未雨绸缪，致使华为的组织体系在危机意识中磨砺得"狼性"十足。

然而，再有战斗力的组织亦会感到疲惫与衰变，为此，华为将自我批判作为保护神与矫正器，保证华为内的组织具备强大的自我修复力，也避免了华为出现逆淘汰文化，最终保证了华为的持续健康发展。

无时不在的危机意识是华为能够创新的内生动力之一。危机意识促使华为在强手林立的通信行业存活下来，并且越活越好。

华为谈的不是成绩，而是危机

在2000年，华为创下了152亿元的销售额，其中利润达到了29亿元，位居全国电子百强首位。这是华为的第一个成长的巅峰。

任正非在《北国之春》中再次提出“冬天”的问题，他说：“华为经历了十年高速发展，能不能长期持续发展，会不会遭遇低增长，甚至是长时间的低增长；企业的结构与管理上存在什么问题；员工在和平时期快速晋升，能否经受得起冬天的严寒，快速发展中的现金流会不会中断……华为总会有冬天，准备好棉衣，比不准备好。我们该如何应对华为的冬天?”

华为的这种危机意识，使华为能在强手林立的通信行业里领先，并促使华为不断激励自己，使企业通过创新保持稳健有效的增长。就是因为其时刻具备危机意识，在市场上，华为的研发总能先于行业五到十年进行布局。

对华为来说，很多时候研发投入不是百米短跑，而是一场马拉松。所以，华为每年都将销售收入10%以上的资金用于创新，仅仅是2014年一年，华为就在云计算、大数据、5G等领域开拓创新，其研发投入达到408亿元，较2013年大幅增长29.4%。如图10－2所示。

深入骨髓的危机意识造就了今日的华为

在《以创新为核心竞争力 为祖国百年科技振兴而奋斗》的汇报发言中，任正非说：“华为已感到前途茫茫，找不到方向。”

而这其中他所提到的华为的“迷茫”，主要体现的是一个世界级成功企业，对自身未来发展方向产生的危机意识，以及对人类技术发展潜力的高度敬畏。华为走到今时今日，面对世界科技革命变化，其危机意识也变得更加强烈念起来。

这也造就了华为的自我担当，既永不满足于现实，也保持对世界和人类

> 2001年年底，任正非在《华为的冬天》一文中这样写道：“公司所有员工是否考虑过，如果有一天，公司销售额下滑、利润下滑，甚至破产，我们怎么办？我们公司的太平时间太长了，在和平时期升的官太多了，这也许就是我们的灾难。‘泰坦尼克号’也是在一片欢呼声中出的海。而且我相信，这一天一定会到来。面对这样的未来，我们怎样来处理，我们是不是思考过。我们好多员工盲目自豪、盲目乐观，如果想过的人太少，也许就快来临了。居安思危，不是危言耸听……”

图 10－2　泰坦尼克号是在欢呼声中沉没的

的雄心和责任。这一担当促使华为直接冲破技术迷局，再上一层楼。在任正非看来，华为恰恰是从“迷茫”中，看到了不可战胜和永远在进步的元素。

人类的智慧和能力没有穷尽之时，科学技术的发展亦永无止境。企业的发展也要如此，像任正非一样，穷尽自己所有的手段，以拓荒者和缔造者的雄姿，去顽强突破不可能的理论和技术，为社会打造一种全新的理论模型，推动科学技术进入人迹罕至的崭新境界。

雅思贝尔斯说：“在没有路标时，自己要做自己的路标。在没有灯塔时，自己就要开始闪闪发光。”任正非所带领的华为一直都遵循这一原则。据悉，华为在 2015 年就顺利实现销售收入 3950 亿元人民币，同比增长 37%，而这其中研发投入 1000 亿元，超过了同期的苹果、谷歌、高通。不仅如此，华为还决定一直这样做下去，未来华为每年的研发经费要提高到 100～200 亿美元。任正非认为华为正是依靠这种大手笔的研发投入，才能在攀登科学高峰的道路上一路“独孤求胜”，最终实现理论与技术的“惊险一跳”。

管理手记

泰坦尼克号是在欢呼声中沉没的。只有时刻警醒，才能促使企业勇往直前，终有一日，会走出理论和技术的“黑洞”，为人类社会捧出一个更加生动和绮丽的世界。

陷阱藏在成功背后

华为的危机以及萎缩、破产是一定会到来的。

——华为总裁任正非

任正非在讲话时说："当华为处在春天时，冬天已经不远了，我们在春天与夏天要念着冬天的问题。我们可否抽一些时间，研讨一下如何迎接危机。IT 业的冬天对别的公司来说不一定是冬天，而对华为可能是冬天。华为的冬天可能来得更冷一些。我们还太嫩，我们公司经过十年的顺利发展没有经历过挫折，不经过挫折，就不知道如何走向正确的道路。磨难是一笔财富，而我们没有经过磨难，这是我们最大的弱点。我们完全没有适应不发展的心理准备与技能准备。"

当企业的发展处于"春天"时，大家看到万物绚烂，鸟语花香，认为企业的未来是美好的。可是春天总会过去的，冬天迟早会来临的，如果危机出现时，企业没有做好充足的准备，那么藏在"春天"成功背后的陷阱就会暴露出来，失败转瞬即至。如图 10 - 3 所示。

把"活下来"作为华为最低也是最高的战略目标

在中国的企业家中，任正非可以说是最具危机意识的企业家之一，从创业至今任正非一直把"活下来"作为华为最低也是最高的战略目标。

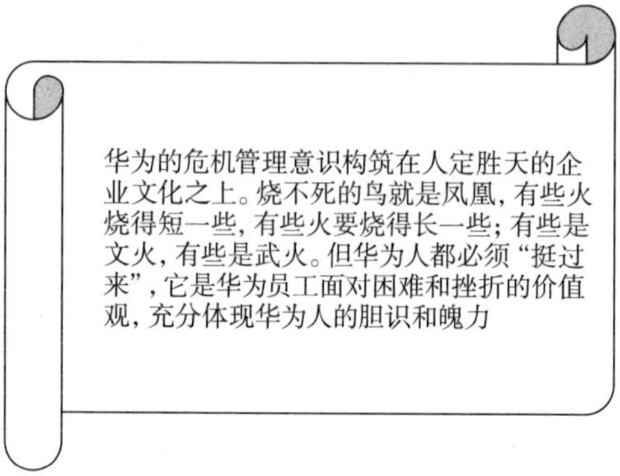

图 10－3　华为的危机管理意识

1992 年底当他召开华为员工大会的时候，只说了一句“我们终于活了下来”，说完即涕不成声。从中可以看出任正非对于华为战略目标的定位。

任何企业，只要想发展就不可避免地会遇到很多危机，而真正考验企业家的是企业是否具备防患于未然的危机意识以及面对危机的应对举措，在这方面任正非做得非常到位。

2000 年的华为处在内忧外患当中，其内部创业计划直接让许多青年才俊出走华为，该走的没有走，该留下的却离开了华为，这让任正非痛心不已。而另一方面，全球 IT 业正遭遇前所未有的危机，随着 2000 年以科技股为代表的纳斯达克股市的崩盘和“网络泡沫”的破灭，全球互联网产业都俨然进入到了“严冬”，就像是“多米诺骨牌”效应一样，IT 产业整体下滑，市场一片低迷。

2001 年，任正非的一篇《华为的冬天》出现了，它不仅激励和鞭策了数以万计的华为人，同时也激励了中国一代 IT 人。据说，当时中国的 IT 业界很多都把这篇文章奉为圭臬，任正非在这篇文章中说：“十年来我天天思考的都是失败，对成功视而不见，也没有什么荣誉感、自豪感，而是危机感。也许正是这样华为才存活了十年。”

这句话现在听起来可能有些极端，但却是当时任正非忧患意识的真实写照。正因为他具备这种强烈的危机意识，才顺利判断出国际化是华为走出冬天的唯一出路。

深谋远虑，埋头做事

2001年，任正非做了一次主题演讲，题目就叫《雄赳赳，气昂昂，跨国太平洋》，在这次演讲中他提出了经典的"冬天去北极"论调，直接号召华为员工走出去开拓亚非拉市场。也是从这时起，华为正式吹响了进军全球的号角。

"前事不忘后事之师"，这句话对华为的市场和未来发展有着非常重要的启迪作用。任正非在经营华为的过程当中也一直保持着清醒的头脑。他在华为遭遇严冬的时候没有垂头丧气，在华为业绩彪炳的时候，更不会沾沾自喜和狂妄骄纵。他说："高科技企业以往的成功，往往是失败之母，在这瞬息万变的信息社会，唯有惶者才能生存。"

诚惶诚恐，如履薄冰，这两个词其实无关胆识与魄力。在华为，任正非深谙企业发展趋势，逐渐养成了洞察兴衰成败的危机习惯。想要做挺立潮头的人，若没有这样洞察先机的意识，即便是再有深谋远虑的眼光，也无法做到挽狂澜于既倒，扶大厦于将倾。

华为的成功来自于华为不执迷虚假的繁荣。在现在这个浮躁的社会，华为的这种表现显得有些"落伍"，甚至是格格不入的。但正是这种埋首做事的匠心品质和踏踏实实的实干精神，再加上时刻警惕危机的意识，让华为走得更远。

管理手记

陷阱总是伴随着成功一起出现，企业管理者必须树立起危机管理意识，明确陷阱总是会藏在成功的背后。

视野开阔，不搞形式主义

视野开阔一点，不在一棵树上吊死，华为是一个建立在市场变化基础上的“水性杨花”的公司。市场怎么变我都跟着或者引领着潮流，做几手准备。

——华为总裁任正非

在长期发展的过程中，华为意识到有一些能够推动公司迅猛发展的因素，也在公司某些局部和某些层面上造成了狭隘性，华为把它们叫作“狭隘的华为自豪感”和“狭隘的品牌意识”。

任正非认为，随着华为组织规模和市场规模的逐步扩展，对于客户和社会的要求会变得越来越高，国际化、职业化、成熟化的管理要求就显得越来越迫切了，这个时候，只有去掉狭隘性，让华为走向开放，才能成为成熟的跨国公司，才能让华为建立起继续推动公司成长的职业化队伍。

因为未来，只有全球化市场是华为生存和发展的基础。华为只有走国际化的道路才能保证未来的发展之路更加顺畅。因此华为把国际化意识作为公司员工需要不断强化的意识之一。如图 10－4 所示。

视野的开阔不仅仅表现在市场上。华为还认为：员工的基本素质较高，都是因为其能够在做事的方式方法上有“只对结果负责就行”的倾向性，才会不容易严格按流程做事情，但是与优秀外籍员工比，华为的员工

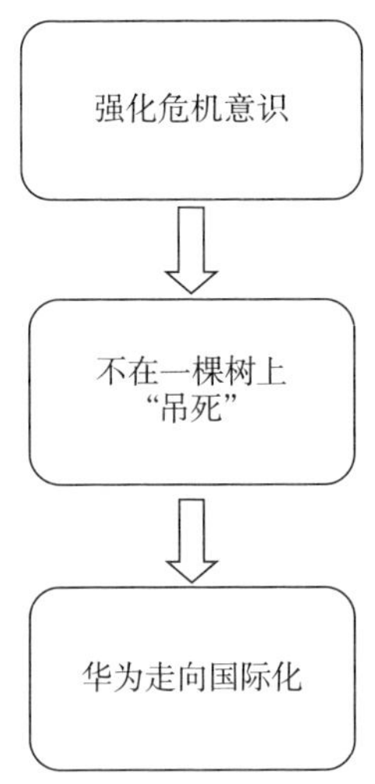

图 10－4　华为未来要走国际化道路

职业化水准现在还是比较低的。

所以，华为的当务之急是更加强调职业化，只有不断强化员工按流程办事的意识，才能在控制的基础上提高效率。华为人说："不管我们能不能成为世界级企业，都要扎扎实实、一层层把土夯实，使我们的管理扎扎实实落在基层，而不是搞形式主义，这就是我们的管理要做的。"

开放视野

成功很多时候是要看对手的。思科起诉华为事件，对思科和华为都是里程碑式的，从这一刻起，思科变得越来越防守和封闭，而华为却恰恰相反，变得越来越开放和进取。

华为在这次事件之后，全面反思了自身的战略态势：完全"走自己的路"显然是行不通了，所以就需要多找出路，不在一棵树上"吊死"。要知道，船大浪高，虽然船大了，抗风浪的能力也强了，但是与对手平起平坐、对价谈判的格局还是存在着不同，这就要求华为更开放一些，更勇敢一些，一改过去单打独斗的做法，才能促使华为走得更远更好。

任正非指出：“当今世界，新技术层出不穷，市场更是变化无常，华为不可能什么都自己从头做起，华为也没有独吞天下的本领，即使排位世界前几名的西方巨头也没有一统天下的能耐。相反，只有强强联合，有竞争有合作，企业才能越做越强。”

正因为任正非的这番话，使得这些年来华为广泛开展世界范围的技术和市场合作，甚至与包括竞争对手在内的国际大公司建立战略伙伴关系，华为先后与得州仪器（TI）、摩托罗拉、英特尔、IBM、朗讯科技等公司成立联合实验室，在俄罗斯、瑞典、印度等国设立研究所；与西门子、3Com、赛门铁克公司等成立了合资公司。

对于华为这些年做的事情，任正非总结道：“这些年，我们一直与国际同行在诸多领域携手合作，通过合作取得共赢，分享成功，实现‘和而不同’，和谐以共生共长，不同以相辅相成，这是东方古老的智慧。”

2005 年，任正非甚至把与竞争对手的合作提升到改变华为未来发展格局的高度：“几年前我们提出以土地换和平，加大与友商的合作步伐，实现优势互补，共同为客户创造更大的价值。经过七八年，我们终于让相当多的人认识到了我们，很多友商开始视我们为朋友。在为客户提供优质服务中展开竞争，在降低开发成本上进行合作，这些管理格局的变化，已经明显反映到我们的发展态势中来了，未来公司的发展将发生很大的历史性变化。”

留心处处是学问

任正非在华为经常鼓励和要求华为的高层：要敢于用一杯咖啡，与世界上的大人物撞击思想。为什么他会如此做？因为他认为地球村就是一个开放式大学，处处有学问。为什么是咖啡？而不是茶？是因为咖啡比茶更能体现出世界文化。

虽然任正非自称是"土老帽"，但是他的个性直率明了，美国德州州长、共和党总统候选人里克·佩里（Rick Perry）在和任正非会谈之后评价他说："任正非是个非常有趣的人，讲话很直率，就像在德州长大的……他可不会只说你喜欢听的话……"其对华为的评价是："华为意味着高标准……"

用一位美国人士的话说："西方并不都是铁板一块，欧盟和美国的观点就有分歧，甚至英国和美国也常有差异，美国的企业也不都是一个声音。华为的开放性交流是正确的，美国市场一定会接纳华为，只是时间问题。"

正因为如此，华为人始终相信："东方不亮西方亮，西方不亮有南方，迟早天下都会亮起来的。只是，华为还需要一段时期的战略性忍耐。"这样的坚持，使华为这些年来一直在忍耐与进攻的反复交替中螺旋上升。

管理手记

华为二十多年间能够不断进步，很大程度上归功于华为领导人对危机的敏感和华为开放性的交流，使得华为不断发展壮大。

居安思危，方能化险为夷

繁荣的背后就是萧条。玫瑰花很漂亮，但玫瑰花肯定有刺。任何事情都是相辅相悖的，不可能有绝对的。我们不居安思危，就必死无疑。

——华为总裁任正非

华为自成立的那天起，就在不断奋斗，直至2000年时取得了有史以来的最好成绩：销售额达到220亿元，这一年比1999年增长了100亿元，利润达26亿元。终于在国外电信市场也有了举足轻重的地位。

繁荣的背后就是萧条，任正非认为华为一定要居安思危。即使是2013年，华为首次在全年业绩上超过爱立信成为全球第一，任正非仍然在2014年5月的一次会议上大谈如何应对“第91天危机”。如图10－5所示。

“安而不忘危，治而不忘乱，存而不忘亡。”这是治国安邦之策，也适用于企业。即使在华为高歌猛进，销售额直线上升的时候，任正非考虑更多的还是危机，他永远像一个冷静的智者挖掘企业发展中的不足之处。

任正非的管理之道伴随华为的成长，一路披荆斩棘，而危机管理意识得到了任正非恰到好处的运用，在华为中适时激发员工的斗志，也给华为带来了源源不断的活力。

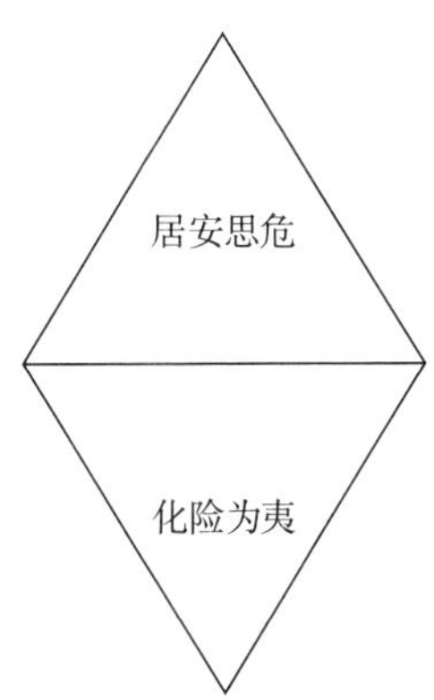

图 10－5 居安思危促使企业产生危机管理意识

危机能够激发斗志

在华为，任正非认为华为人要警钟长鸣，增强忧患意识，还要把这种意识传递给部门和团队，让每个员工都能时刻想到生存危机，为了华为的目标去努力拼搏和奋斗。

华为正是通过这样的危机意识向员工传递压力，用压力促使员工保持动力，华为员工在不间断的危机感的刺激下，被激发出无限的潜能来改善和提高个人、公司的绩效。

任正非说："一个企业遇到困境、挫折，是否能够重新振作，关键在于人们是否能够坦然面对，并保持热情和信心。就如日本企业界那样，虽然身处危机，但斗志丝毫未减，反而更加努力，等待春天的到来。危机能够激发生存和发展的潜能，就像鲶鱼效应所揭示的生存哲学。"

鲶鱼效应指的是一件发生在很久以前的事情，当时挪威人的收入主要靠从深海中捕捞沙丁鱼来维持，在这些一同出海打鱼的渔民中，总是有一名老渔民能够把沙丁鱼活着带到岸上，所以他的收入最为丰厚。因为活鱼卖价要比死鱼高好几倍。

但是，由于沙丁鱼生性懒惰，不爱运动，返航的路途又很长，因此捕捞到的沙丁鱼往往一上岸就死了，即使有些活的，也是奄奄一息。这个时候大家就非常疑惑：老渔民是如何做到的？

一个年轻的渔民因为好奇就趁老渔民不注意的时候，偷偷去打开了老渔民船上盛满活沙丁鱼的鱼篓，他发现在老渔民的鱼篓里竟然夹杂着一条鲶鱼。虽然对此他百思不得其解，但是他仍抱着试试看的心理在自己新打捞的一篓沙丁鱼中放了一条鲶鱼。等到他上岸后，发现自己船上唯一一篓活鱼就是放了鲶鱼的那篓。

这个谜底后来被一位心理学家揭开了。原来，如果将鲶鱼装入满是沙丁鱼的鱼篓中，它就会对沙丁鱼发起攻击，这个时候，由于鲶鱼不断地追逐，沙丁鱼不得不拼命游动，在这种激烈的生存竞争中，原本已经绝望的沙丁鱼充满了活下来的欲望。这种被外界危机激活生物体内部活力的现象被心理学家称作“鲶鱼效应”。

“鲶鱼效应”在企业中就代表着要居安思危，因为只有当一个人身处困境的时候，才能更加激发他的斗志。

千万不要沉迷于眼下

华为人在做事情的时候从来都不会对眼前的成就沾沾自喜，他们更多是考虑如何做得更好。在现在这个时代里，要想一招制胜是绝对不可能的，企业要想生存下去，唯有持续发展。

比尔·盖茨声称：“微软离破产永远只有 18 个月之遥。”李嘉诚说：“我 90% 的时间在考虑失败。”马云称：“我们要么是在危机中，要么是在走向危机之中。”柳传志说：“你一打盹，对手的机会就来了。”

从他们的话中可知，危机意识，会对企业产生多方面的影响。华为的危机管理意识，不仅仅是停留在危机表面，更多的是给员工以信念、希望和信心。在华为，无论是在创业初期还是高速发展时期，任正非始终用危机管理激励着华为人不断前行，也正是因为华为人有了这种如履薄冰、战战兢兢的危机管理意识，才成就了华为今天的强大。

管理手记

《左传》曰："居安思危，思则有备，有备无患"。危机意识是企业的创新动力之源泉，也是个人立于不败之地的根本。